Comment réussir un mémoire

Consultez nos parutions sur dunod.com

Jean-Pierre FRAGNIÈRE

Comment réussir un mémoire

4e edition

DUNOD

Couverture : MATEO

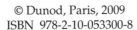
© Dunod, Paris, 2009
ISBN 978-2-10-053300-8

Sommaire

Introduction

Seize pages, vous êtes pamphlétaire : faites-en
seize cents, vous êtes présenté au roi.

P.-L. Courier

1. Vous êtes des centaines, vous êtes des milliers, chaque année. La fin de vos études approche et vous allez entreprendre la rédaction d'un mémoire. Vous avez des idées, vos connaissances sont copieuses. Mais, pratiquement, comment organiser cette tâche. Votre plume hésite ? Vous êtes aussi des centaines appelés à diriger un mémoire. C'est toujours une aventure : curiosité, invention, mais aussi multiples problèmes techniques. Des questions vous sont posées. Comment faire des citations ? Comment établir une bibliographie ?

Vous êtes encore des centaines à devoir rédiger un rapport d'envergure dans le cadre de votre activité professionnelle. Et le temps presse. Ce petit livre vous propose quelques réflexions et des techniques pour toutes les étapes de la tâche qui vous attend. Je suggère, à vous de choisir.

2. Celles et ceux qui parviennent au terme de leurs études sont généralement placés devant l'exigence de réaliser un mémoire, clé d'obtention du diplôme. Positivement, si vous vous trouvez dans cette situation, c'est une période privilégiée au cours de laquelle vous pourrez vous attacher à définir et à analyser un problème de manière approfondie et relativement autonome. Pour l'essentiel, cette partie de vos études vous appartient, vous devez l'organiser ; à vous l'autonomie, à vous aussi les risques.

3. Beaucoup abordent cette étape de manière très détendue. La vie et les études les ont comblés, ils disposent de temps et de ressources convenables, ils sont entourés de conseils. Plus, ils ont pu bénéficier d'un enseignement explicite sur les modalités de réalisation d'un mémoire. Ce livre n'est pas écrit pour eux, ou si peu...

4. D'autres sont inquiets. Ils s'interrogent aussi bien sur la manière de choisir un sujet que sur les modalités d'organisation d'un tel travail... et, comment écrire ? Leur temps est compté ; ils doivent réaliser leur mémoire parallèlement à la gestion de multiples responsabilités professionnelles ou privées. Je sais qu'ils sont relativement nombreux ; c'est surtout à leur intention que j'ai construit ce petit ouvrage qui veut être un recueil d'informations et de suggestions, plutôt qu'un guide à prétention normative.

5. Précisons d'emblée ce que ce livre n'est pas, nous éviterons ainsi quelques malentendus. Il ne vous apprendra pas ce qu'est la recherche scientifique, ni ne vous proposera une discussion théorique et critique sur la signification des études ou des procédés pédagogiques qui conduisent à une meilleure maîtrise des savoirs et du savoir-faire nécessaires pour votre activité professionnelle. Il y a des cours pour ça. Ce livre ne vous dira rien sur le contenu concret et spécifique de votre propre mémoire ; en quelque sorte, c'est votre affaire, celle de vos professeurs, de vos amis, de vos collègues, de votre milieu d'études. Il ne vous permettra pas de résoudre les problèmes particuliers au champ d'investigation que vous avez choisi, à l'institution de formation dans laquelle vous êtes inscrit, encore moins ce qui relève de votre propre personnalité.

6. Ce sont donc surtout des indications à caractère technique qui remplissent ces pages. Vous observez que les chapitres concernant les notes ou les citations sont aussi longs que celui (bien plus significatif) qui traite des modalités de choix du sujet. Le genre choisi ne permet pas d'attribuer à chaque dimension la place réelle qu'elle occupe dans la réalisation du mémoire.

7. En outre, je n'oublie pas les différences qui existent entre les institutions de formation. Celles-ci excellent à se comparer sur la base de leurs exigences. En fait, chaque discipline, chaque corps professionnel a ses traditions, chaque institution a *sa* mémoire et ses règles. Et qui ne s'est pas fait une opinion sur le sens et la fonction du mémoire ? Dans ce livre, j'ai retenu les convergences et les points communs qu'il m'a été donné d'observer. Ils m'ont paru suffisamment nombreux et significatifs pour que je risque ces pages.

8. Deux remarques pratiques enfin. Les domaines de référence qui sont à la base de ce texte sont les sciences sociales, particulièrement les études de sociologie et de sciences politiques, ainsi que les formations qui conduisent aux professions sociales et aux professions de la santé. Ce sont les milieux que je fréquente. Par ailleurs, vous trouverez dans cet ouvrage un certain nombre de répétitions ; pourquoi pas ? Il n'est pas conçu pour être lu comme un roman.

9. À propos de romans, vous avez peut-être savouré le livre classique de Umberto Eco, intitulé *Le Nom de la rose*. Cet auteur a publié, en 1977, un petit ouvrage[1] dans lequel il allie la précision et l'humour pour présenter aux étudiants italiens, occupés à écrire leur thèse de licence, une méthode de travail très stimulante. Je l'ai lu avec grand intérêt et je m'en inspire dans certains chapitres de ce livre.

---

1. Umberto Eco, *Come si fà una tesi di laurea ?*, Bompiani, Milano, 1977.

1

QU'EST-CE QU'UN MÉMOIRE ?

*Que je veuille connaître une machine, je la décou-
perai pour en étudier séparément chaque partie.
Quand j'aurai de chacune une idée exacte et que je
pourrai les remettre dans le même ordre où elles
étaient, alors je concevrai parfaitement cette
machine, parce que je l'aurai décomposée et
recomposée.*

Condillac

1. LIMITES

La notion de « mémoire » renvoie à plusieurs réalités distinctes.
Un mémoire peut être le document élaboré par un avocat à
l'intention d'un tribunal. Il désigne également un rapport établi
par une administration, sur un sujet donné, dans le cadre d'un
processus de décision.

Nous l'emploierons ici dans un sens plus précis. C'est un
document de quarante à deux cents pages (ou plus) réalisé dans
le cadre d'un processus de formation par une ou plusieurs
personnes, sur un sujet proche du champ d'étude choisi et dans
une perspective qui s'efforce de tenir compte des règles de l'activité scientifique.

2. LES LIEUX D'ÉLABORATION D'UN MÉMOIRE

De très nombreuses voies de formation inscrivent dans leur programme la réalisation d'un mémoire :

– dans les universités, le mémoire est très généralement exigé pour l'obtention d'une maîtrise, d'un DEA (diplôme d'études approfondies), d'un DESS (diplôme d'études supérieures spécialisées) et pour accéder aux études de troisième cycle ;

– dans les écoles professionnelles, l'exigence du mémoire est aussi fort répandue (je pense en particulier aux formations professionnelles dans le secteur social et dans le secteur de la santé) ;

– enfin, de nombreuses formations complémentaires longues, qui s'adressent à des praticiens au bénéfice d'une certaine expérience professionnelle, exigent la rédaction d'un mémoire (observons que celui-ci doit être réalisé dans des conditions souvent difficiles, parallèlement à une activité à plein-temps ou à d'autres obligations).

Toutes ces situations sont différentes. Chaque institution de formation a ses règlements, ses traditions, son ambiance intellectuelle. Souvent, la définition même du mémoire est une occasion de marquer les différences et les spécificités. Il serait vain de vouloir nier cette diversité. Elle exprime des efforts d'adaptation de la tâche aux situations différentes des étudiants. Les circonstances m'ayant conduit à diriger des mémoires dans ces diverses catégories d'institutions, j'ai observé qu'au-delà de ces différences, un ensemble de problèmes identiques doivent être résolus par celles et ceux qui entreprennent la réalisation d'une telle tâche.

3. QUELQUES TYPES DE MÉMOIRES

Les mémoires ne sont pas une activité stéréotypée et monolithique. La plupart d'entre eux se rattachent à l'un des trois types que je voudrais présenter brièvement.

Le mémoire-compilation

L'étudiant choisit un thème d'étude, il rassemble l'essentiel de la littérature qui traite de la question, il l'analyse et en fait une présentation critique. Son effort consiste à montrer sa capacité de compréhension des travaux déjà réalisés, sa perception des divers points de vue et son art d'exposer l'état du débat, le cas échéant, en exprimant une position personnelle.

Le mémoire-recherche

Il aborde l'étude d'un thème neuf ou peu exploré. Il implique une démarche d'observation substantielle, souvent une étude empirique. L'étudiant doit « aller sur le terrain ».

Le mémoire-analyse d'expériences

Il est, en particulier, fréquent dans le cadre des formations professionnelles supérieures, lorsque les étudiants ont effectué des stages ou ont déjà exercé une activité professionnelle. Il met l'accent sur la présentation d'une expérience, son analyse, souvent la comparaison avec d'autres activités similaires. Souvent, il débouche sur l'élaboration de propositions permettant de poursuivre, voire de réorienter des actions.

Faut-il préciser que ces trois types de mémoires sont légitimes, qu'ils ont leur propre logique interne et qu'ils peuvent constituer d'excellents lieux de formation (dans cette perspective, ils ont tous des avantages et des limites).

4. PRÉCISIONS

Il est utile d'indiquer que la pratique du mémoire a connu récemment un certain nombre d'évolutions, sous l'effet de deux préoccupations : la prise en considération de l'utilité sociale de l'exercice, ainsi que la transformation des techniques d'expression. Ainsi, on a vu apparaître des mémoires dont l'objectif était de réaliser une présentation détaillée d'un ensemble institutionnel ; par exemple : les banques de données juridiques en Europe. En outre, certaines institutions de formation autorisent, voire encouragent la mise en œuvre de mémoires qui utilisent les moyens audiovisuels, particulièrement la vidéo et les systèmes multimédia. Il m'apparaît que ces initiatives sont heureuses ; pourtant, cet ouvrage n'abordera pas les problèmes spécifiques de ces catégories de mémoires. On ne peut pas tout faire.

2

POURQUOI FAIRE UN MÉMOIRE ?

Les faits ne sont ni grands ni petits par eux-mêmes.
Claude Bernard

1. LE SENS DE CETTE QUESTION

Rares sont celles et ceux qui ont le choix. Pourtant, la question de la signification du mémoire fait l'objet de débats, d'échanges multiples, de critiques, en tout cas de prises de position. On s'interroge sur son opportunité. On émet des opinions sur sa forme, son sens, sa pertinence sociale. Inutile de rappeler que les avis sont divers ; souvent, ils se modifient en cours de réalisation. Dans ces conditions, pourquoi ne pas suggérer une contribution à cette discussion.

2. PAR NÉCESSITÉ

Soyons clairs : c'est la nécessité qui, le plus souvent, commande la rédaction d'un mémoire. Les règlements le prévoient ; c'est souvent le dernier obstacle à maîtriser pour obtenir un diplôme. On n'a pas le choix. Observons que cette exigence est très généralisée ; elle a résisté à de nombreux assauts. Tradition ? Habitudes ? Il y a sans doute de meilleures raisons qui expliquent cet état de faits.

3. PAR PLAISIR

C'est moins rare qu'on pourrait le croire. Le plaisir est souvent discret au commencement du travail ; il émerge et s'installe lentement en cours de réalisation. Faire un mémoire peut être la source de profondes satisfactions : découvertes intellectuelles, enrichissement personnel, stimulante expérience de collaboration. Sans doute en parle-t-on trop peu ; assouvir une curiosité intellectuelle, c'est aussi une occasion de se réjouir.

4. POUR RÉALISER UNE EXPÉRIENCE DE TRAVAIL INTELLECTUEL APPROFONDIE ET AUTONOME

La réalisation d'un mémoire est une activité qui permet d'apprendre plusieurs choses :
– délimiter un problème ;
– découvrir et rassembler une documentation à son propos ;
– ordonner des matériaux ;
– conduire une réflexion personnelle sur le problème choisi ;
– souvent, établir des contacts directs avec des personnes, des institutions, des champs d'activités ;
– analyser l'information et exercer son esprit critique ;
– exprimer par écrit, et communiquer les résultats de cette procédure d'étude… et « faire avancer la science ».

Dans la mesure où il permet d'apprendre à ordonner ses propres idées et à les formuler d'une manière compréhensible par autrui, le mémoire est incontestablement un lieu d'apprentissage fécond. En outre, et indépendamment du thème traité, ces savoirs et ce savoir-faire maîtrisés sont utiles pour l'activité professionnelle.

5. POUR APPORTER UNE CONTRIBUTION À LA CONNAISSANCE D'UN SECTEUR DE LA RÉALITÉ SOCIALE

Ce n'est sans doute pas l'objectif central d'un mémoire. Cependant, on connaît si peu de choses dans le domaine social ! Il y a tant à défricher, à découvrir et à analyser. Le plus souvent, le mémoire peut apporter une contribution significative à la découverte d'un domaine.

Je me souviens d'un groupe de travail qui avait choisi d'aborder les problèmes liés au « petit crédit » (bancaire). La question a été bien analysée, les résultats communiqués avec pertinence et clarté. Aujourd'hui encore, de nombreux praticiens de l'action sociale utilisent la plaquette publiée au terme de ce travail. Une réussite.

6. L'INTENSITÉ DE LA VIE ÉMOTIONNELLE LIÉE À LA RÉALISATION D'UN MÉMOIRE

Pourquoi faire un mémoire ? Nous venons de rappeler quelques raisons de conduire une telle entreprise. En fait, chacun se débrouille avec ses raisons d'agir. Cela dit, on constate que l'étape de réalisation du mémoire est marquée par de multiples émotions : on craint cette période ou on l'attend avec impatience, on en parle beaucoup ; souvent, celui qui écrit un mémoire est considéré avec une attention curieuse. Il arrive qu'il soit entouré d'égards. Et il y a les moments d'échecs, de blocages, d'hésitations, d'incertitudes. Le temps du mémoire : une espèce de parenthèse ? Certains ont souligné le rôle initiatique de cette aventure. Il faut le savoir, et c'est normal, ces émotions sont un donné ; elles se gèrent de multiples manières.

3

COMMENT CHOISIR
UN SUJET DE MÉMOIRE ?

Dans l'ordre intellectuel, le contenu de la liberté
c'est la vérité, c'est elle qui nous rend libres.

S. Kierkegaard

1. LES LIMITES DE L'ÉLABORATION
DE CRITÈRES DE CHOIX

Ils sont très nombreux les éléments qui entrent en jeu dans le choix d'un sujet de mémoire. Impossible d'en faire un inventaire exhaustif. Ce chapitre ressemblera plutôt à une liste de précautions à prendre lorsque l'on entreprend de choisir un sujet. En fait, ces choix se font par intérêt, par rencontre, par opportunité, par solidarité ou pour tant d'autres raisons encore. Retenons quelques indications qui sont de nature à éviter des obstacles, des difficultés, voire des échecs.

2. LES NORMES ET LES RESSOURCES
DE L'INSTITUTION DANS LE CADRE DE LAQUELLE
S'ÉLABORE LE MÉMOIRE

Nous le savons, le plus souvent, le mémoire est une exigence d'une institution de formation. Dans ces conditions, celle-ci édicte des normes et élabore des règlements. Elle met aussi des ressources à disposition. Tout cela définit déjà des limites : les normes ne permettent pas de faire n'importe quoi, les ressources institutionnelles (encadrement pédagogique, documentation, etc.) déterminent des champs thématiques plus accessibles que d'autres.

Il convient de bien prendre connaissance de ces deux dimensions. C'est un travail. Pratiquement, êtes-vous en mesure de répondre de manière détaillée aux deux questions suivantes :

• Quelles sont les règles qui, dans mon institution, définissent la réalisation d'un mémoire ?

• Dans quels domaines mon institution offre-t-elle des ressources à la fois accessibles et de bonne qualité ?

Y répondre, c'est peut-être éviter de mauvaises surprises.

3. ON EST RAREMENT LE PREMIER À ABORDER UN SUJET

Bien sûr, rien n'a été écrit sur le thème : « L'animation du *Home Mon chez nous* ». Pourtant, les études concernant les institutions pour personnes âgées sont nombreuses et très diversifiées. Choisir un sujet de mémoire, c'est aussi choisir un champ de recherche dans lequel il faudra séjourner longtemps. C'est s'approcher de travaux et d'analyses avec lesquels il faudra se familiariser. Inutile donc de se crisper sur le thème spécifique qui vous intéresse ; il faut d'emblée prendre en considération le domaine d'étude auquel il appartient.

4. IL FAUT SE DONNER LE TEMPS ET LES MOYENS DE CHOISIR

C'est la conséquence de ce que je faisais remarquer au paragraphe précédent. Trop de personnes se précipitent sur un thème, sans véritablement entrer en matière sur la réalité de la problématique qu'elles choisissent de traiter. Un tel choix implique du temps. Non pas tant pour « mûrir », mais pour accomplir les actes qui le permettent. Dans ce sens, choisir c'est se documenter, c'est prendre des contacts, c'est réaliser un bilan intermédiaire, c'est entreprendre des démarches multiples et diverses. Si vous avez des *délais* pour présenter votre projet, attention, il faudra vous ménager le temps du choix.

5. LE PIÈGE DES SUJETS « PANORAMIQUES »

Lorsque vous commencez à définir votre projet de mémoire, vous pouvez être attiré par de multiples thèmes. Souvent, ceux-ci se rattachent à des horizons très différents. En outre, puisque vous ne connaissez guère le domaine d'étude que vous abordez et, bien sûr, les travaux déjà réalisés sur ce sujet, vous pouvez être tenté de choisir un sujet panoramique (ex. : « La sécurité sociale en France » ou « La pauvreté en Europe »).

Il se trouve aussi que le sujet qui vous vient à l'esprit vous apparaît très « excitant ». Vous pouvez légitimement avoir de vastes appétits. Prenez garde, on ne constate peut-être pas tout de suite que le sujet envisagé est panoramique. C'est donc un réel travail que de donner à son projet de mémoire une dimension raisonnablement accessible.

6. LE MÉMOIRE « ENGAGÉ »

Certains estiment que leur sujet doit être « engagé ». Plus précisément, leur mémoire doit être choisi selon des critères qui relèvent de l'action politique ou de l'engagement dans le champ social. Souvent, hélas, ils opposent cette préoccupation à la mise en œuvre d'une démarche scientifiquement maîtrisée. Il y aurait opposition entre « scientificité » et « engagement ».

C'est une illusion (voir chapitre 5). On peut estimer qu'il y a autant de pertinence politique et de promesses de changements dans un mémoire sur « Le droit de recours dans la mise en œuvre du RMI » que dans un mémoire intitulé : « Les alternatives au travail social ».

7. LE MÉMOIRE PRATIQUE

Beaucoup manifestent un grand souci d'être proches de la pratique, de « traiter un sujet pratique », de ne pas « se perdre dans la théorie ». Ils en font un élément du choix de leur sujet. Précisons d'emblée qu'il s'agit encore d'une illusion. Toute pratique est informée par une théorie, que celle-ci soit consciente ou non. Au nom de considérations relevant de la pratique, il ne devrait pas se trouver de raisons d'éliminer les connaissances théoriques. En clair : il n'y a pas de sujets « pratiques ».

8. QUATRE RÈGLES INDICATIVES

Proposons maintenant quatre règles élémentaires permettant de choisir un sujet ; celles-ci sont aussi la base sur laquelle sera construit le test de praticabilité que je présenterai au chapitre suivant.

- Le sujet doit *intéresser* l'auteur. Attention aux choix qui ne tiennent pas compte de vos goûts, de vos lectures, de vos…
- Les sources doivent être *accessibles* ; c'est-à-dire matériellement à votre portée (pensez, en particulier, au temps disponible et à l'encadrement qui est mis à votre disposition).
- Les sources doivent être *traitables*. Vous devez pouvoir disposer des ressources culturelles et intellectuelles permettant un traitement convenable des matériaux indispensables à votre étude.
- Vous devez être en mesure de *maîtriser la méthodologie* que vous retenez.

Tout cela peut apparaître banal ; j'estime néanmoins que ces éléments constituent la base de la réflexion en vue d'un choix pertinent.

4

COMMENT TESTER LA PERTINENCE D'UN SUJET ?

Il faut craindre de réussir sans comprendre, tout autant que de gagner aux cartes.

Alain

1. L'IMPORTANCE D'UN TEST DE PRATICABILITÉ

Le chapitre précédent vous aura peut-être laissé sur votre faim. Il y a tant d'éléments qui entrent dans le champ d'un sujet de mémoire et qui peuvent légitimer les efforts qu'implique son traitement. Je vous suggère donc de renverser le problème et de vous demander : le sujet que je souhaite retenir est-il praticable ? À cet effet, je vous propose de réaliser un test qui devrait permettre d'apprécier les implications d'une entrée en matière sur votre sujet, de mettre en évidence les précautions qui s'imposent, en définitive, de faire un choix documenté et lucide afin de minimiser les risques que comporte toute entreprise de recherche.

2. QUAND RÉALISER LE TEST ?

Ce test devrait être appliqué le plus vite possible. Cependant, on constate qu'il est difficilement réalisable si le sujet pressenti n'a pas fait l'objet d'une certaine exploration. Dans ces conditions, la procédure pourrait être la suivante :

– vous retenez provisoirement l'idée d'un sujet de mémoire ;

- vous vous documentez à son propos et, le cas échéant, vous prenez contact avec quelques personnes compétentes ;
- vous formulez votre sujet de manière brève et explicite ;
- c'est sur cette base seulement que vous appliquez le test.

3. POUR ÊTRE TESTÉ, UN SUJET DOIT ÊTRE FORMULÉ DE MANIÈRE EXPLICITE

Soyons précis, le test proposé ici n'est pas simplement une conversation à bâtons rompus, ce qui n'enlève rien au mérite de ce genre de discussion. Il exige une activité qui se prépare et donc laisse des traces *écrites*. Concrètement, pour pouvoir être testé, un projet doit être exprimé par écrit (de 15 à 20 lignes) avec le plus de précisions possibles. C'est en référence à ce bref document que pourront être réalisées les différentes tâches qu'implique ce test. Cette précaution est particulièrement importante lorsqu'il s'agit d'un mémoire de groupe.

4. AVEC QUELS CONCOURS ?

Celui qui choisit de traiter un sujet de mémoire peut légitimement en avoir une connaissance très approximative et ne pas maîtriser le champ de la problématique dans laquelle il s'inscrit. Une telle situation est normale et doit être considérée comme telle. La conséquence en est cependant qu'il est fort recommandé de se faire aider dans l'application du test. Cette assistance peut être apportée par des personnes diverses bénéficiant d'une expérience dans le domaine et relativement familières de l'activité que constitue la réalisation d'un mémoire (ce peut être le directeur de mémoire pressenti). Cette aide peut être plus ou moins importante : au mieux, une participation complète à l'application du test ou, plus modestement, la lecture commentée du document que vous aurez élaborée pendant l'exercice.

5. PRÉSENTATION DÉTAILLÉE DU TEST

Le test consiste en une série de questions portant sur deux pôles : les spécificités du chercheur (des chercheurs), les spécificités de l'objet d'étude. Mais c'est essentiellement la relation entre les deux qui est significative. On peut discuter longuement sur la complexité ou la pertinence d'une étude sur le « RMI à Belfort » ; ce qui nous intéresse ici, c'est de savoir dans quelle mesure Monique Dupont dispose des moyens et des ressources lui permettant de réaliser ce mémoire. Comment pratiquer le test ? En répondant de manière explicite et authentique aux huit questions qui sont présentées dans le schéma ci-dessous. Quatre d'entre elles portent sur les caractéristiques de l'objet d'étude ; quatre autres portent sur les caractéristiques du chercheur (ou du groupe de recherche). Nous allons les présenter et les commenter brièvement.

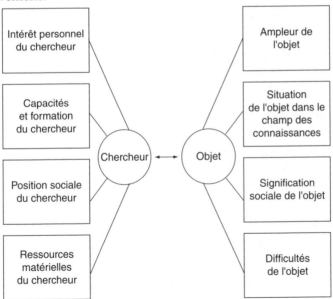

Test pour le choix d'un objet de mémoire

Les caractéristiques de l'objet d'étude

▪ Ampleur de l'objet

À l'origine de tout objet d'étude, il y a des faits, des personnes etc., en plus ou moins grande quantité. Il est banal d'observer qu'il existe une notable différence entre le projet de « connaître l'opinion des infirmières de l'assistance publique sur l'opportunité d'une formation complémentaire dans le domaine de la sécurité sociale » et le projet « de connaître l'opinion des infirmières de l'assistance publique du centre d'hospitalisation à domicile de l'hôpital Cochin sur l'opportunité d'une formation complémentaire dans le domaine de la sécurité sociale ». Il convient donc de préciser l'ampleur de la « population » concernée par votre recherche, la longueur de la période sur laquelle porte l'étude, le nombre d'événements qui seront pris en considération, etc. Une recherche peut également aller plus ou moins en profondeur. On peut se satisfaire d'une information superficielle et facilement accessible, on peut aussi fouiller davantage. L'enjeu est de taille. Une réponse précise à ces questions est de nature à vous éviter bien des surprises.

▪ Situation de l'objet dans le champ des connaissances

Certains objets d'études ont déjà largement retenu l'attention des chercheurs. De multiples travaux sont constitués et publiés. D'autres apparaissent comme neufs ; ils sont à peine explorés. Face à ces deux situations, la position du chercheur est profondément différente. Dans le premier cas, il peut bénéficier d'un patrimoine de connaissances, dans l'autre, tout reste à faire ou presque.

En outre, certains domaines d'étude sont marqués par d'importantes controverses. Pensons aux travaux qui portent sur les problèmes de « déviance ». Il vous appartient d'apprécier cette situation. Votre tâche sera significativement différente si vous pouvez bénéficier des travaux de beaucoup de prédécesseurs ou si vous entrez dans un champ d'étude à peine défriché. Le cas échéant, sollicitez l'aide de personnes compétentes en vue de dessiner l'état de la situation.

■ **Signification sociale de l'objet**

Pour vous, l'objet que vous choisissez d'étudier a une signification ; il en a aussi pour les autres. Certains objets peuvent apparaître comme relativement neutres. Une étude comparée des systèmes électoraux dans les pays de la communauté européenne ne vous exposera pas à trop de controverses. D'autres sujets peuvent être considérés comme « chauds » ; ils concernent des conflits ouverts, des tabous, ils mettent en cause des intérêts puissants. Entreprendre un mémoire sur un conflit social en cours n'est jamais une sinécure. Toutes ces réalités auront un impact non négligeable sur la tâche qui vous attend et même sur la possibilité de réaliser votre projet. Il convient d'apprécier la situation avec un maximum de lucidité. On peut prendre des risques, il faut se donner les moyens de les affronter.

■ **Difficultés de l'objet**

On dit parfois d'un projet de mémoire qu'il est difficile. De multiples raisons sont avancées pour étayer cette assertion. Souvent, les difficultés sont d'ordre conceptuel ; il faut maîtriser une quantité de notions complexes pour aborder la question choisie. Un premier regard porté sur la littérature vous permettra d'apprécier la situation. On trouve aussi des difficultés liées à l'accessibilité. C'est le cas, par exemple, lorsque les données dont vous avez besoin sont protégées, voire couvertes par le secret. Il convient d'être très strict dans l'appréciation de cette situation. Des solutions devront être trouvées avant même d'entrer en matière.

Critères concernant le chercheur (ou les chercheurs)

■ Formation et capacités du chercheur

Évoquons maintenant des critères qui concernent le chercheur lui-même. Celui-ci écrit son mémoire à un moment précis de ses études, il a bénéficié d'une formation déterminée (par exemple, il dispose de bonnes connaissances en histoire sociale, il n'entend rien aux analyses de statistiques). C'est là une donnée beaucoup plus significative que les diplômes obtenus dont on sait qu'ils ne recouvrent pas toujours les mêmes réalités. C'est la situation réelle du chercheur qui doit être prise en considération. Par ailleurs, celui-ci peut avoir de l'aisance dans les contacts, il peut se trouver également qu'il ait de réelles difficultés à décrocher le téléphone pour solliciter un entretien, etc. Tout cela fait partie du patrimoine que vous avez accumulé, il faut l'évaluer avec une rigueur implacable. Si vous trichez, vous êtes le seul perdant[1]. Reconnaître ses limites, ce n'est pas renoncer à les dépasser, c'est augmenter ses chances de trouver les moyens de le faire. Et qu'en est-il des travaux de groupe ? Chacun est différent de son collègue. La démarche est d'autant plus complexe. Elle doit être franche ; la collaboration en sera facilitée et la répartition des tâches plus efficace (voir le chapitre 11).

■ Intérêts personnels du chercheur

Il est difficile, voire impossible, de passer de longs mois à étudier un objet pour lequel on n'a aucun intérêt ou pour lequel on joue à avoir un intérêt (pour diverses raisons : la mode, la concurrence, etc.). Appréciez sérieusement la réalité de votre intérêt pour le thème que vous pensez retenir. Il peut sans doute s'éveiller en cours d'étude, je n'en disconviens pas ; il faut cepen-

---

1. Cela ne voudrait pas être une invitation à sous-estimer vos ressources ou à reculer devant les risques nécessaires pour affronter l'inconnu.

dant qu'il dure. C'est l'une des principales sources de l'énergie que vous devrez trouver pour conduire à terme votre projet. Dans le travail de groupe, cette question est tout aussi fondamentale. La chaleur du groupe ne masquera pas longtemps votre désintérêt pour le projet commun. C'est la question classique des motivations. Un vaste monde : c'est le domaine de l'indicible, de la pudeur, du secret, de l'engagement personnel. Rien ne vous oblige à les étaler sur la place publique. À mon avis, il vaut mieux être discret. En revanche, il est essentiel d'y accorder l'attention la plus soutenue.

▪ Situation sociale du chercheur

Vous avez une certaine image de vous-même ; les autres ont une image de vous. Celle-ci ne correspond peut-être pas à la réalité. C'est navrant. Le fait est qu'elle existe, et cela peut avoir une importance pour la possibilité d'étudier l'objet que vous envisagez d'approcher. Autrement dit, vos caractéristiques personnelles et sociales, votre réputation, votre profession, votre insertion institutionnelle, peuvent déterminer les conditions d'accès à l'objet de votre mémoire. Ces problèmes sont délicats... et pas toujours prévisibles. Votre statut d'étudiant peut vous ouvrir ou vous fermer des portes. Vous étudiez dans l'école x, et voilà une institution qui vous refuse l'accès aux informations. Vous apprenez plus tard que, trois ans auparavant, un de vos prédécesseurs avait porté un jugement mal fondé sur cette institution. Bref, la société, ça existe. Même les rumeurs qui circulent sur vos opinions politiques peuvent vous poser quelques problèmes. Faut-il préciser que ce sont des réalités qu'il s'agit d'envisager et d'évaluer avec soin ? Dans l'activité de recherche, vous engagez votre personne, mais votre personne comme être social.

- Ressources matérielles du chercheur

Tous les mémoires exigent du temps. Beaucoup impliquent des déplacements, des achats de livres et de documents. Vos ressources peuvent être copieuses ou très limitées. Il faut envisager ces questions avec précision et en faire un critère de « faisabilité » d'un projet de mémoire.

Que de questions. Et pourtant, elles n'ont certainement pas toutes été retenues dans ce modèle. Il se trouve qu'elles apparaîtront plus ou moins explicitement à l'une ou l'autre étape de la réalisation de votre mémoire. C'est ce qui fonde l'utilité de ce test et la nécessité de l'appliquer avec précision. Concrètement, tentez de répondre par écrit aux huit questions avec une courageuse lucidité.

Au terme de cette démarche, vous disposerez d'un document qui peut vous laisser perplexe. Des certitudes rassurantes, des difficultés contournables voisineront avec de lourds points d'interrogation. Ne vous laissez pas intimider. Peut-être faudra-t-il renoncer à votre projet. Il y en a d'autres. De toute manière, efforcez-vous de porter un jugement global sur l'ensemble des informations que vous aurez rassemblées. Si vous tentez l'aventure, vous ferez des choix en meilleure connaissance de cause et vous vous serez donné les moyens qui vous permettront d'anticiper les obstacles. Choisir c'est risquer, et le choix vous appartient.

5
RECHERCHE, MÉTHODES, TECHNIQUES

C'est au moment où un concept change de sens qu'il a le plus de sens, c'est alors qu'il est en toute vérité, un événement de conceptualisation.

Bachelard

L orsque je définissais le mémoire, au chapitre 1, je le présentais comme une activité à caractère scientifique. La pratique scientifique s'apprend ; en définitive, tous vos programmes d'études poursuivent, entre autres, cet objectif. De nombreux plans de formation prévoient explicitement des cours d'introduction ou d'initiation à la recherche. Ils portent des noms : « méthodologie », « introduction à la recherche », « techniques de recherche », « recherche sociale », etc. De tels enseignements sont importants, voire indispensables, pour la réalisation d'un mémoire. Mais ce n'est pas l'objet de ce petit ouvrage ; en aucun cas, il ne saurait les remplacer. Je voudrais cependant, dans ce chapitre, proposer quelques réflexions sur les rapports entre la recherche et l'élaboration des mémoires ; quelques propos d'auteurs nous permettront d'entrer dans cette réflexion.

1. LE MÉMOIRE ET LA RECHERCHE

Beaucoup de mémoires sont construits sur la base d'une activité de recherche. Or, particulièrement dans le domaine des sciences sociales, « nous devrons nous contenter d'améliorer indéfiniment nos approximations[1] ». Incontestablement utile, nécessaire, ce type de recherche est souvent discuté. Sa scientificité n'est pas évidente. Lisons ces réflexions de Jean Ladrière :

« Une grande interrogation s'élève à propos de l'étude des phénomènes sociaux. Peut-on recourir, dans ce domaine, aux méthodes qui ont fait leurs preuves dans le domaine des sciences de la nature ? L'idée même d'une connaissance scientifique est-elle applicable lorsqu'on a affaire à un ordre de réalité où l'homme intervient à titre essentiel en tant qu'agent ?

Dès le moment où l'action joue un rôle, il y a inévitablement référence à des motivations, à des buts et à des valeurs. Or, peut-on traiter ces composantes de l'action à la manière des propriétés d'un objet fini, peut-on les "objectiver" ? Ne se trouve-t-on pas, au contraire, en présence ici d'un ordre de réalité qui échappe radicalement, et cela pour des raisons de principe, à toute tentative d'objectivation ? »[2]

Ces questions sont à prendre au sérieux. Des efforts incessants sont entrepris pour affiner l'épistémologie des sciences humaines. Les enjeux sont de taille, puisque la science entretient des rapports directs avec l'action. Hubert Blalock nous le rappelle :

« Des principes scientifiques bien établis, basés sur une recherche rigoureuse, sont normalement une condition nécessaire pour une action sociale intelligente, mais ils ne sont pas suffisants en eux-mêmes. Cela signifie que le seul fait de détenir le savoir nécessaire ne garantit pas que nous aurons la capacité ou la volonté d'agir en fonction de ce savoir. Sans lui, par contre, nous serons obligés de continuer à nous servir de méthodes du type « essais et erreurs » qui ont depuis longtemps fait la preuve de leur inefficacité et de leur coût social élevé. »[3]

Dans ces conditions,

« sans vouloir absolutiser le caractère scientifique des sciences de l'homme, il faut convenir que le caractère de systématicité, d'attention aux faits, d'accord intersubjectif des chercheurs quant aux méthodes et aux

---

1. Karl R. Popper, *L'univers irrésolu. Plaidoyer pour l'indéterminisme*, Hermann, Paris, 1984, p. 23.
2. Préface à l'ouvrage de P. de Bruyne, J. Herman, M. de Schoutheete, *Dynamique de la recherche en sciences sociales*, PUF, Paris, 1974, p. 5.
3. *Introduction à la recherche sociale*, Duculot, Gembloux, 1973, p. 21.

résultats, confère à l'entreprise scientifique une spécificité indéniable par rapport aux autres pratiques sociales. »[1]

« La science, sans s'identifier au savoir, mais sans l'effacer ou l'exclure, se localise en lui, structure certains de ses objets, systématise certaines de ses énonciations, formalise tels de ses concepts et de ses stratégies. »[2]

Retenons que le projet de conduire une activité scientifique implique une vigilance permanente qui se conquiert et qui s'exerce.

2. LA SCIENTIFICITÉ D'UN MÉMOIRE

On peut s'interroger sur ce qui fait la scientificité d'une démarche d'étude dans le cadre de l'élaboration d'un mémoire. Umberto Eco estime qu'un mémoire peut être considéré comme scientifique, au sens large, dans la mesure où il respecte quatre règles. Je vous propose d'en prendre connaissance :

« l. La recherche doit porter sur un objet reconnaissable et défini, de telle manière qu'il soit reconnaissable également par les autres. [...]
2. Sur un tel objet, la recherche doit dire des choses qui n'ont pas encore été dites ou le reconsidérer dans une optique différente de ce qui a déjà été publié. [...]
3. La recherche doit être utile aux autres. [...]
4. La recherche doit fournir les éléments qui permettent de vérifier ou de falsifier les hypothèses qu'elle présente ; en quelque sorte, elle doit fournir les éléments qui permettent sa discussion publique. C'est là une exigence fondamentale. »[3]

Il ne m'est pas possible de développer ces éléments ici, reportez-vous à vos cours d'épistémologie ou de « recherche sociale », ou encore, interrogez votre directeur de mémoire.

Conduire une démarche scientifique, c'est, dans tous les cas, une quête de distance critique par rapport aux évidences trompeuses qui sont d'autant plus facilement acceptées qu'elles

---

1. P. de Bruyne, *op. cit.*, p. 22.
2. M. Foucault, *L'archéologie du savoir*, Gallimard, Paris, l969, p. 241.
3. Umberto Eco, *op. cit.*, p. 39 sqq.

comblent un vide, qu'elles rassurent et qu'elles permettent à des intérêts, voire à des privilèges, de se maintenir. Le chercheur doit « s'imposer une polémique incessante contre les évidences aveuglantes qui procurent à trop bon compte l'illusion du savoir immédiat et de sa richesse indépassable. »[1]

3. LES PÔLES DE LA RECHERCHE

Qu'est-ce qui se passe dans une activité de recherche ? Pour schématiser, on peut dire que le chercheur doit gérer une démarche qui s'articule autour de quatre pôles : épistémologique, théorique, morphologique, technique[2].

Ces quatre pôles ne correspondent pas à des moments séparés de la recherche, mais ils figurent des aspects particuliers d'une même démarche qui veut être scientifique. Toute recherche se développe explicitement ou implicitement en faisant appel à ces quatre pôles qui sont évidemment très interdépendants. Caractérisons-les brièvement en reprenant la formulation de P. de Bruyne :

– « Le pôle *épistémologique* exerce une fonction de vigilance critique. Tout au long de la recherche, il est garant de l'objectivation – c'est-à-dire de la production – de l'objet scientifique, de l'explicitation des problématiques de la recherche. [...] Il décide en dernière instance des règles de production et d'explication des faits, de la compréhension et de la validité des théories. » [...]

– « Le pôle *théorique* guide l'élaboration des hypothèses et la construction des concepts. C'est le lieu de la formulation systématique des objets scientifiques. Il propose des règles d'interprétation des faits, de spécification et de définition des solutions provisoirement données aux problématiques. Il est le lieu d'élaboration des langages scientifiques, il détermine le mouvement de la conceptualisation. [...]

– « Le pôle *morphologique* [...] énonce les règles de structuration, de formation de l'objet scientifique, lui impose une certaine figure, un certain ordre entre ses éléments. Le pôle morphologique suscite [...] diverses méthodes d'agencement des éléments constitutifs des objets

---

1. P. Bourdieu, *Le métier de sociologue*, Mouton, Paris, 1971, p. 35.
2. Je me réfère ici au modèle proposé par P. de Bruyne, *op. cit.*, p. 34. La lecture de ce petit livre est fort éclairante.

scientifiques : la typologie, le type idéal, le système, les modèles structuraux. [...]

– « Le pôle *technique* contrôle le recueil des données, s'efforce de les constater pour pouvoir les confronter à la théorie qui les a suscitées. Il exige de la précision dans la constatation, mais n'en garantit pas, à lui seul, l'exactitude. »[1]

En quelque sorte, la maîtrise d'une démarche de recherche et de la méthodologie qui la fonde, implique un contrôle de ces quatre pôles, ainsi que des interactions qui les relient. C'est un vaste champ d'étude. Explicitement ou implicitement, vous vous y référez dans le cadre de l'élaboration de votre mémoire.

4. NOTE SUR LA RECHERCHE-ACTION

Il est une forme de recherche, hélas trop peu pratiquée, qui obéit à des règles particulières que je voudrais brièvement rappeler : c'est la *recherche-action*. De quoi s'agit-il ? C'est une démarche de recherche qui s'est développée sur la base d'une contestation des formes « traditionnelles » de recherche, d'une critique de l'utilisation des sciences sociales comme instruments de domination, d'une volonté d'intégrer les résultats de la recherche dans l'action sociale. La recherche-action n'est pas ce qu'on appelle une recherche appliquée ; celle-ci s'attache sans doute à résoudre des problèmes concrets, la recherche-action se propose d'établir un *nouveau rapport entre théorie et pratique*.

Sur le plan épistémologique, la recherche-action renvoie à un processus de connaissance orienté vers l'*émancipation* des chercheurs et des sujets (on désigne par sujet les personnes ou groupes sur lesquels porte la recherche).

La recherche-action implique que soit défini un *but commun* aux chercheurs et aux sujets. À ce propos, Lewin, le promoteur de la recherche-action, écrivait : « Le chercheur et les sujets de la recherche cheminent ensemble vers la connaissance. »[2]

---

1. *Op. cit.*, p. 34-36.
2. Cité par : Katharina Ley, *La recherche-action*, Lausanne, 1978, p. 6.

Il importe aussi que soit défini un *champ commun* aux chercheurs et aux sujets ; ceux-ci n'étant donc pas définis par leur appartenance à une catégorie sociale, mais par leur présence dans un champ d'interactions concret où il convient de former un consensus. À l'intérieur de ce champ doit être constituée la conscience d'un problème commun qui doit faire l'objet d'un traitement. Il faut, en outre, que les personnes qui seront sujet de la recherche, et ceux qui conduiront l'action au terme de celle-ci, soient au moins partiellement identiques.

La recherche-action implique aussi que soient réunies un certain nombre de conditions qui caractérisent la communication entre ses divers protagonistes. Il convient d'établir une *communication symétrique* (égalité de droits et de chances, malgré l'inégalité de ressources et/ou de connaissances). Il faut assurer que soit garantie une distribution du savoir à tous les partenaires, en évitant les monopolisations. Ainsi doit être abolie la relation sujet/objet entre les chercheurs et ceux que l'on appelle traditionnellement les objets de la recherche. Une certaine *empathie critique* doit remplacer une méfiance généralisée. Une compréhension dynamique et autonome doit réunir tous les partenaires.

Enfin, il est essentiel d'assurer une adéquation de la recherche aux problèmes posés. Cela peut signifier que les partenaires, tout en garantissant leur autonomie et l'égalité de leurs chances, s'attachent à résoudre leurs problèmes en tenant compte le plus possible de la problématique spécifique négociée au départ, cela bien sûr, en considérant le *contexte historique*.

Ainsi, la recherche-action réduit la distance entre la théorie et la pratique, au sens où la découverte scientifique et l'utilisation des résultats se trouvent réunies dans une même activité. La recherche-action permet de limiter l'asymétrie entre les chercheurs et les sujets de la recherche ; elle peut même garantir aux sujets de la recherche un véritable contrôle de la problématisation, du processus de recherche et de la gestion des résultats. Dans ces conditions, la recherche-action exige que soit pratiquée une *évaluation* objective qui porte sur trois axes : les interactions qui se sont produites dans le processus de recherche, les transformations qui sont apparues dans ce champ de recherche et les conditions structurelles qui ont permis le déroulement de la recherche ou qui l'ont entravé. Une telle procédure d'évaluation permet de mesurer « l'objectivité » de la recherche au sens où sont prises en considération aussi bien les découvertes théoriques que l'efficacité de la recherche par rapport à son projet d'apporter des solutions aux problèmes retenus[1].

Si vous souhaitez réaliser votre mémoire dans le cadre d'une recherche-action, les indications que je propose dans cet ouvrage doivent être très substantiellement réinterprétées, voire transformées. Les principes ci-dessus définissent dans quelles perspectives doivent être adaptées vos procédures d'étude et les modalités d'organisation de votre travail. Par ailleurs, une recherche-action est une aventure, une aventure de groupe et celui-ci peut vous aider à trouver les ressources nécessaires à la conduite de votre étude.

---

1. Sur cette question voir les travaux de Katharina Ley, en particulier son livre : *Frauen in der Immigration*, Huber, Frauenfeld, 1979.

6

LES ÉTAPES DE LA RÉALISATION D'UN MÉMOIRE

Le temps bien ménagé est beaucoup plus long que n'imaginent ceux qui ne savent guère que le perdre.

Fontenelle

1. SENS ET LIMITES DE CE MODÈLE

D'une manière générale, la réalisation d'un mémoire se déroule sur une longue durée. Souvent aussi, pour diverses raisons, cette période n'est pas continue ; des interruptions lourdes viennent « ponctuer » le travail (semaines intensives de cours, préparation d'examens, activités salariées, service militaire, etc.). C'est la réalité, il faut la prendre en considération.

Cette discontinuité implique que l'auteur ait une bonne vision d'ensemble de la démarche qu'il conduit et des diverses étapes qu'il est appelé à franchir. Cependant, les formes de mémoires étant très diverses, il est fort mal aisé de définir une suite d'étapes qui seraient pertinentes pour chacune d'elles. On observera des différences dans la séquence de ces étapes et, surtout, dans la durée de chacune d'entre elles. Reste qu'il faut planifier, agir et corriger la planification. Ce chapitre vous est donc proposé à titre purement indicatif. Autrement dit, dans beaucoup de mémoires, on peut repérer les étapes que je vais évoquer et construire une planification sur la base du modèle retenu ici, après d'éventuelles adaptations.

2. LES DIFFÉRENTES ÉTAPES

J'ai choisi d'en distinguer onze et de les présenter avec un bref commentaire. Je vous suggère d'en prendre connaissance et d'apprécier dans quelle mesure elles peuvent correspondre à votre propre projet. Le cas échéant, vous pourrez les modifier et les compléter en vue de les adapter aux spécificités de votre démarche.

- *1re étape : l'émergence de l'idée.* On ne sait jamais très bien ni quand elle commence, ni sous quelle forme elle se déroule. Il faut cependant qu'elle ait une fin, afin que la réalisation puisse commencer. Il est fécond d'hésiter, mais pas trop longtemps.

- *2e étape : la recherche d'informations et les premières lectures.* Une idée seule ne suffit pas, il convient d'emblée de passer à la mise en œuvre. Celle-ci commence par une recherche d'informations avec la consultation de quelques personnes compétentes, ainsi que par une série de lectures exploratoires.

- *3e étape : l'énoncé systématique de l'objet.* C'est un moment important ; il consiste à exprimer en une dizaine de lignes ou plus et avec beaucoup de précision l'objet que vous allez analyser. Il est opportun de connaître clairement les contours de votre champ d'investigation. Évidemment, ce texte pourra être modifié. Il sera pour vous à la fois un guide pour votre recherche et une base de discussion pour vos entretiens avec vos informateurs. À ce stade, l'imprécision peut conduire à de pénibles détours. (J'insiste, c'est un moment déterminant, si vous hésitez, faites-vous conseiller !)

- *4e étape : l'application d'un test de vérification.* Le document dans lequel vous procédez à un énoncé systématique de l'objet vous permettra d'appliquer le test de « praticabilité » qui a été présenté de manière détaillée au chapitre 4.

- *5e étape : choix définitif de l'objet et lectures complémentaires.* L'application du test vous permet de préciser, voire de modifier votre objet d'étude. Surtout, il vous met en situation de décider de le traiter ; en quelque sorte de prendre un engagement. Immédiatement, vous pourrez effectuer un certain nombre de lectures complémentaires pour éclairer les diverses dimensions que vous avez mises en évidence.

- *6ᵉ étape : l'élaboration d'un plan opérationnel détaillé.* Sans trop attendre, il conviendra de réaliser ce plan opérationnel détaillé qui est un véritable guide pour votre activité (il est présenté au chapitre 15).
- *7ᵉ étape : la réalisation des tâches prévues dans ce plan.* De multiples activités vous attendent ; cette démarche est longue, c'est une partie essentielle de votre travail.
- *8ᵉ étape : un bilan intermédiaire.* Lorsque vous estimez être parvenu à la mi-temps de votre étude, je vous suggère une pause programmée. En effet, subrepticement, des déviations peuvent se produire, des chapitres s'enflent, d'autres se révèlent irréalisables ou partiellement inutiles. Des réorientations s'imposent dans la planification, parfois dans le contenu ; le plan opérationnel peut exiger des modifications. Pour cette relecture détaillée, une journée de travail n'est pas de trop. Et consultez votre directeur de mémoire.
- *9ᵉ étape : l'élaboration d'un plan de rédaction.* Le terme approche. Ce plan est présenté au chapitre 15.
- *10ᵉ étape : la rédaction.* Les activités de rédaction doivent être précédées d'une longue et attentive relecture de votre texte. Pour éviter des déviations et des répétitions, il est opportun de rafraîchir votre mémoire sur l'essentiel des travaux que vous avez déjà réalisés.
- *11ᵉ étape : la mise au point du manuscrit et la diffusion.* Sur ces sujets, voir les chapitres 22 et 23. Attention, ces activités peuvent être longues.

Une suggestion

Relisez ce chapitre après avoir pris connaissance du chapitre 15, intitulé « Plan et plans ». Pourquoi ? À propos de trop nombreux mémoires, il m'a été donné d'entendre les commentaires suivants : « manque d'unité », « pas de fil conducteur », « un collage de chapitres disparates », « pas de lien entre la problématique théorique et l'analyse empirique », etc. Bien sûr, des précautions techniques ne suffisent pas à éviter ces écueils, mais elles peuvent y aider grandement.

7

UNE TECHNIQUE DE TRAVAIL : LE « CLASSEUR »

Tout se meut, s'organise et sent son existence, la matière est vivante...

Saint-Lambert

1. LE SENS DE CETTE PROPOSITION

Très pratiquement, comment procéder pour réaliser un mémoire ? Certains le savent, ils ont déjà eu l'occasion d'écrire des textes d'une certaine envergure, ils ont bénéficié d'un enseignement méthodologique détaillé. Ce chapitre n'est pas écrit pour eux. Ils peuvent tourner quelques pages. D'autres s'interrogent. Comment faire ? Leur projet est défini, des documents attendent d'être traités, de belles feuilles blanches sont là qui ne demandent qu'à être noircies. Je voudrais leur proposer une manière de faire dont j'ai pu constater qu'elle était souvent à la fois rassurante et stimulante. Par commodité, je l'appellerai la « méthode du classeur ». En outre, je compléterai ces suggestions par quelques indications sur l'utilisation des fiches et des fichiers. Cette méthode du classeur me paraît particulièrement indiquée pour ceux qui doivent travailler de manière discontinue et dans des conditions difficiles (c'est le cas lorsque le mémoire est écrit parallèlement à une activité professionnelle et/ou à la gestion d'importantes tâches familiales). J'ai observé qu'elle peut faciliter la gestion générale du mémoire, qu'elle permet d'éviter d'inutiles détours, qu'elle peut faire gagner du temps, qu'elle réduit les

33

inquiétudes et qu'elle facilite la rédaction. Ce n'est pas une panacée, mais quelques bonnes raisons m'incitent à vous la présenter.

Je précise d'emblée que cette méthode de travail est complémentaire à l'utilisation de votre traitement de texte sur l'ordinateur dont vous disposez. En quelque sorte, elle en est la compagne et le prolongement.

2. RAPPELS

Réaliser un mémoire, c'est produire un travail intellectuel incontestable. C'est aussi une activité qui engage votre corps, en particulier tous vos sens. Impossible de négliger les aspects « physiques » d'une telle entreprise. Vous savez aussi que le mémoire peut avoir une certaine unité. Celle-ci se constitue comme synthèse la plus cohérente possible d'un ensemble de parties et de démarches. Des mesures matérielles doivent être prises pour aider à la sauvegarde de cette unité ou à sa conquête.

L'élaboration du mémoire est rarement une activité entièrement programmable et minutieusement planifiée. Les restructurations multiples ne sont pas rares ; elles expriment la dynamique de la découverte.

Pour réaliser votre mémoire, vous disposez d'un certain nombre de semaines et de mois. Vous savez bien que tous ces jours ne sont pas équivalents. À côté des moments de belle lucidité et de grande forme, nous connaissons des jours fiévreux, pluvieux, ou des lendemains difficiles. Notre méthode de travail doit tenir compte de ces différentes qualités de temps.

En traitant vos dossiers, en dépouillant vos bibliographies, vous serez confronté à une quantité de documents. Leur signification n'est pas toujours immédiatement perceptible. Il faut aborder vos dossiers comme s'ils ne pouvaient pas livrer toute leur saveur à la première dégustation.

Les bonnes idées ne viennent pas toutes en même temps. En remettant plusieurs fois un chapitre sur le métier, vous accroissez vos chances de l'enrichir.

Le travail d'analyse et de critique ne se fait pas sur commande. En outre, il ne se développe de manière satisfaisante qu'en regard de la totalité du mémoire. Créer ces conditions, c'est prendre des précautions, c'est se donner les moyens d'avoir accès en permanence à cette totalité, en vue de préparer les moments d'intense réflexion qui permettent les analyses et les synthèses.

L'oubli n'est pas le « privilège » des autres. Pendant la préparation de votre mémoire, vous êtes confronté à une très grande quantité d'informations. Dans l'instant, vous serez tenté de surévaluer votre mémoire. En fait, l'oubli est là, qui guette ; il efface ces détails qu'il faudra péniblement récupérer dans la phase de mise au point du manuscrit.

Les bons conseils de caractère général sont utiles ; ils sont insuffisants. Pour vous faire aider utilement, il convient de soigner la communication avec les personnes dont vous sollicitez l'appui. Tout cela a des implications matérielles et détermine de nombreuses modalités de votre méthode de travail. Il en va de même de la communication entre les membres d'un groupe engagé dans la réalisation d'un mémoire.

C'est sur la base de ces considérations, et pour tenir compte de toutes ces réalités, que je propose la méthode dite du classeur. (*À propos de votre ordinateur* personnel, voyez la fin de ce chapitre et le chapitre 22.)

3. PRÉSENTATION DÉTAILLÉE DU MODÈLE

Ingrédients

- Un ou deux solides classeurs pour feuilles de format A4.
- Des feuilles perforées A4 de bonne qualité, capables de supporter des manipulations.
- Une paire de ciseaux.
- De la colle, une plume et un stylo écrivant en noir ou en rouge (dans l'état actuel des techniques de photocopie).

N.B. Si vous travaillez sur un micro-ordinateur, ce modèle n'appelle guère de modifications ; votre tâche sera cependant simplifiée (impression, corrections, restructurations, etc.).
Bonnes habitudes à prendre

- Écrivez uniquement sur le recto de la feuille (puisqu'elle est appelée à être découpée et transférée).

- Ne remplissez pas trop vos feuilles (vous apporterez ultérieurement des commentaires, des compléments, des modifications).

- Dans la mesure du possible, n'inscrivez qu'une idée sur chaque feuille.

- Écrivez de manière soignée et complète (cela vous permet d'être lu par vos collègues ou votre directeur de travail et vous évite de pénibles recherches pour compléter les informations que vous aurez notées d'une manière lacunaire).

Le modèle

Prenons maintenant connaissance du modèle schématisé sur la page suivante. Vous constatez que j'ai distingué deux niveaux et huit étapes (pour la commodité de l'exposé).

- *1er niveau : « dans la tête ».* Il s'agit de l'ensemble des opérations intellectuelles que vous réalisez dans le cadre de l'élaboration de votre mémoire.

- *2e niveau : « dans le classeur ».* Il s'agit de la trace matérielle de ces opérations intellectuelles, je vous invite à les rassembler dans un ou plusieurs classeurs. Je pars de l'hypothèse suivante, vérifiée dans bien des cas : dans votre première idée/projet de mémoire, il existe déjà, en germe, le résultat intellectuel auquel vous allez parvenir ; de même, dans les feuilles sur lesquelles vous consignez cette idée/projet, il y a, en germe, le manuscrit que vous allez produire au terme de votre démarche. Entre vos activités intellectuelles, vos moments de réflexion et le dossier qui les recueille et les matérialise (le classeur), il existe un rapport permanent qu'il vous appartient d'organiser et d'entretenir ; une sorte de va-et-vient dynamique. Ce qui se passe dans votre tête interpelle et modifie ce qui figure dans le classeur ; mais aussi, ce que vous lisez et relisez dans votre classeur vient stimuler votre réflexion et nourrir vos analyses. C'est ce qui fonde l'opportunité de prendre un certain nombre de précautions très matérielles que j'indique dans ce chapitre.

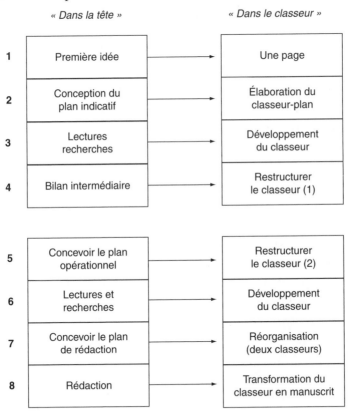

Schéma général du modèle

Observons maintenant ce qui va se dérouler dans les huit étapes que j'ai retenues (voir schéma ci-dessus).

• *1re étape.* Votre première idée se matérialise immédiatement en un document bref, mais relativement précis, qui vous sert de support pour la recherche d'informations, d'avis, de conseils, etc. C'est la première feuille qu'accueillera votre classeur vide (c'est la petite graine…).

- *2ᵉ étape.* Dans votre esprit, le sujet retenu vous apparaît immédiatement constitué par un certain nombre de dimensions. Celles-ci s'expriment par le plan indicatif (sur cette notion de plan, voir le chapitre 15). Un plan, c'est par exemple six chapitres et chacun de ces chapitres peut comporter en moyenne quatre paragraphes. Cela représente vingt-quatre titres et sous-titres. Je vous suggère de noter chacun de ces titres et sous-titres sur une page et de placer ces vingt-quatre feuillets dans le classeur. Vous avez dans les mains un classeur-plan qui constitue la première image de ce que sera votre mémoire.

- *3ᵉ étape.* Vous procédez à des lectures, vous dépouillez des documents, vous développez vos recherches. Je vous propose de placer dans le classeur le résultat de tous ces travaux à la place qui leur revient dans le plan que vous avez constitué. Une pluie de feuilles va venir enrichir les différents chapitres et paragraphes de votre classeur-plan. Que contiennent ces feuilles ? Il en est de plusieurs catégories. Certaines sont des photocopies de textes ou documents que vous considérez comme importants (n'oubliez pas de reproduire sur chacune de ces feuilles la référence exacte et complète du document dont elles sont issues). D'autres feuilles contiennent vos propres réflexions et analyses. D'autres encore sont des feuilles-bibliographiques (n'indiquez qu'une référence par feuille, cela simplifiera beaucoup l'organisation de votre bibliographie au terme de votre travail) ; enfin, vous insérerez des feuilles-mandats sur lesquelles vous inscrivez des informations utiles pour la poursuite de vos tâches (l'adresse d'une personne-ressource, un numéro de téléphone, la définition d'une démarche à entreprendre, etc.). Vous découvrez de nouvelles dimensions de votre objet d'étude ; votre classeur s'épaissit.

- *4ᵉ étape.* Elle est brève, mais utile : c'est le moment d'un bilan intermédiaire. Concrètement, vous consacrez une demi-journée, voire une journée, à relire l'ensemble de votre dossier et à vous interroger sur votre activité. Cela peut vous conduire à restructurer le classeur.

- *5e étape.* Concevoir le plan opérationnel. À ce stade, vous maîtrisez suffisamment les bases de votre sujet pour pouvoir construire un plan opérationnel détaillé, qui n'est en quelque sorte que la réorganisation de vos acquis et des démarches qu'il convient d'entreprendre pour poursuivre votre étude. Il est évident que la production de ce plan opérationnel va induire une restructuration du classeur ; mais c'est facile, tout est mobile, et la précision avec laquelle vous avez rempli vos feuilles vous permet immédiatement de situer leur contenu.

Encore quelques précautions :

- procédez à la pagination régulière et périodique de votre classeur. Un incident est si vite arrivé ;
- si vous ne pouvez pas travailler de manière régulière, relisez la totalité de votre classeur avant chaque intervention (pour garder une vision globale de l'ensemble de votre étude) ;
- utilisez les moments creux pour feuilleter fréquemment le classeur. Vous parvenez ainsi à mémoriser vos textes et vos analyses ; vos synthèses en seront facilitées ;
- soyez très prudent avant de jeter des documents. Ce qui vous paraît médiocre aujourd'hui peut encore servir demain. Votre corbeille à papier sera encore disponible à la fin de votre mémoire.

- *6e étape.* Lectures et recherches : vous poursuivez la mise en œuvre de votre plan opérationnel détaillé. Votre classeur s'enrichit, il se structure, peut-être devrez-vous lui trouver un petit frère.

- *7e étape.* Concevoir le plan de rédaction. À un certain stade, il faut s'arrêter. Le terme approche, la rédaction s'impose. Vous élaborerez le plan de rédaction (voir chapitre 15). Cela implique une nouvelle et ultime réorganisation de votre classeur. C'est à ce moment qu'entrent en scène la colle et les ciseaux ; vous récupérez une part importante des travaux que vous avez déjà réalisés et vous les réorganisez en fonction du plan d'exposition que vous souhaitez retenir. C'est une opération relativement importante ; je vous suggère de prendre une précaution. Si vous n'êtes pas très sûr de la légitimité de la réorganisation que vous entreprenez, si vous hésitez, faites une photocopie de l'ensemble de votre classeur. Vous conservez ainsi vos acquis et vous pouvez hacher et tailler plus librement dans l'original. En cas d'erreur, vous pourrez ainsi recommencer l'opération. Vous pouvez aussi remplacer cette « précaution » par un travail de restructuration de vos textes, directement sur votre ordinateur. Dans ce cas, pas d'économie de copies de sauvetage.

- *8ᵉ étape.* Rédaction. Vous observez qu'une partie importante du travail est déjà réalisée. Devant vous, le classeur est là, riche et structuré. L'acte de rédaction proprement dit en est fortement facilité.

4. QUELQUES CONDITIONS D'APPLICATION DU MODÈLE

Pour que cette méthode du classeur soit efficace, il importe de respecter un certain nombre de conditions. Le classeur doit être fréquenté régulièrement et dans sa totalité. La méthode doit être appliquée rigoureusement. Par exemple, si vous inscrivez plusieurs idées sur une page, la restructuration deviendra très difficile. Enfin, il convient d'adapter cette méthode à la spécificité de votre objet et aux événements singuliers qui peuvent surgir dans le cadre d'un mémoire. Le cas échéant, faites-vous aider, mais ne vous crispez pas sur le modèle que j'ai présenté dans ces lignes.

5. FICHES ET FICHIERS

Une autre technique de travail est pratiquée par beaucoup ; elle a conquis ses lettres de noblesse, elle s'appuie sur l'utilisation des fiches et des fichiers. Je vous la présente brièvement.

Cette méthode de travail est fondée sur l'observation du fait que l'ensemble du matériel réuni pour la réalisation d'un mémoire peut être classé en diverses catégories. Pour chacune d'entre elles, on constitue un fichier : un ensemble de fiches organisées en fonction de critères spécifiques. Celui-ci contient des fiches, supports d'informations qui sont très facilement manipulables et permettent des restructurations permanentes.

Que le traitement des « fiches » se fasse sur papier ou à l'aide d'un logiciel de traitement de données, les principes de base sont les mêmes.

Le chercheur commence par définir les différents types de fichiers qu'il souhaite construire. Pour chacun d'entre eux, il détermine également les caractéristiques des fiches qu'il va y insérer.

• Il existe différents formats de fiches. Je suggère de n'en utiliser qu'un pour l'ensemble de vos fichiers, de préférence le format A6. L'intégration des fichiers en sera facilitée.

Pensez-y lorsque vous construisez un modèle sur votre programme de traitement de fichiers.

• Vous pouvez constituer plusieurs types de fichiers en fonction des caractéristiques de votre étude. Je vous propose une brève description de ceux qui sont le plus généralement utilisés :

– *le fichier bibliographique* réunit toutes les références que vous avez rassemblées. Il est essentiel que les renseignements que vous y insérez soient complets et exacts. Vous pouvez classer ce fichier par ordre alphabétique d'auteurs ou par thèmes (à l'intérieur d'une unité thématique, vous pouvez aussi classer les fiches par ordre alphabétique d'auteurs). Sur une fiche bibliographique, on note souvent des indications sur l'ouvrage, sur son importance, sur les parties les plus significatives, sur les conditions d'accessibilité, etc. (voir les modèles pages précédentes).

– *le fichier de lecture* rassemble les notes que vous prenez pendant la lecture de votre documentation. Plus précisément et de manière bien distincte, on y indique : a. la référence exacte de l'ouvrage ; b. le texte de la citation retenue avec indication de la page ; c. vos éventuelles commentaires personnels. Les fiches de lecture peuvent être classées, d'abord, par ordre alphabétique d'auteurs et ensuite par thèmes.

Alain BLANCHET & al.	Fiche n° 55
L'entretien dans les sciences sociales,	
Paris, Dunod, 1985	Ref. : chap. 3

« La critique de l'entretien non directif de recherche concerne trois domaines différents : elle porte sur les techniques employées, l'éthique de l'interviewer et le champ épistémologique implicite du dispositif. »

(p. 71)

Fiche de lecture (simple)

Alain BLANCHET & al.	Fiche n° 55
L'entretien dans les sciences sociales,	
Paris, Dunod, 1985	Ref. : chap. 3

« La critique de l'entretien non directif de recherche concerne trois domaines différents : elle porte sur les techniques employées, l'éthique de l'interviewer et le champ épistémologique implicite du dispositif. »

(p. 71)

Voir un développement de l'aspect technique dans le livre de Roethlisberger et Dickson : *Management and the Worker.*

(n° 45)

Fiche de lecture avec commentaire

Concerne :   Fiche n° 112
Enseignement universitaire en milieu carcéral

Prendre contact avec l'association GENEPI
247, rue Saint-Honoré, 75038 Paris cedex 01.
(42618012).

Fiche de travail

Thème : Économie libérale   Fiche n° 87

Auteur : Frédéric Poulon

Les écrits de Keynes
Paris, Dunod, 1985 (232 pages).

Fiche bibliographique

— *le fichier de travail* comprend des fiches qui expriment le plan que vous avez établi et d'autres sur lesquelles vous notez des mandats de travail, des adresses en vue de la réalisation de démarches, etc. Ce fichier peut être à la base de ce qui sera l'intégration des fichiers.

• *L'intégration des fichiers* correspond à un ensemble d'opérations successives par lesquelles vous réunissez tous les fichiers sur la base d'un plan qui s'approche du plan de rédaction. Au terme de ce travail, vous disposez d'un fichier unique à partir duquel vous pourrez entreprendre la rédaction de votre mémoire sans devoir manipuler toute votre documentation.

Vous observerez que les principes qui régissent la méthode du classeur et la méthode du fichier sont quasiment identiques.

6. À PROPOS DE L'UTILISATION D'UN MICRO-ORDINATEUR

Qui n'utilise pas un micro-ordinateur ? La meilleure solution consiste sans doute à choisir un logiciel multi-tâches (traitement de textes, gestion de fichiers, tableur). Si vous travaillez avec des logiciels différents, assurez-vous qu'ils sont compatibles et que les transferts de données sont simples (par exemple : Word, FileMaker Pro et Excel).

Surtout, évitez de vous river à l'écran. Celui-ci « découpe » une partie de votre œuvre et rend difficile l'accès à la globalité de votre mémoire en train de naître. En travaillant sur papier et en fabriquant votre classeur (ou votre fichier), vous augmentez vos chances de garder une vue d'ensemble sur ce que vous réalisez ; une imprimante ça sert à quelque chose.

8

COMBIEN DE PAGES ?

Oh ! Qu'une page pleine dans les livres est rare et que peu de gens sont capables d'en écrire dix sans sottises !

P.-L. Courier

1. UNE QUESTION LANCINANTE

Parlons-en puisque c'est une question qui revient si souvent. La plupart des règlements d'institutions de formation abordent le problème de manière plus ou moins explicite. Parfois, ils fixent une fourchette (de 50 à 100 pages) ; parfois ils définissent un nombre minimum (au moins 40 pages), il arrive qu'ils soient encore moins précis et évoquent un « document d'une certaine ampleur ». Le plus souvent, on perçoit un embarras dans ces définitions ; en fait, c'est la coutume qui prend le relais. Les étudiants se réfèrent aux images des mémoires présentés par leurs aînés. À mon avis, la question se trouve ailleurs.

2. POUR L'ESSENTIEL, C'EST L'OBJET QUI DÉFINIT L'AMPLEUR DU MÉMOIRE

Si l'on admet que l'objet d'étude choisi doit être présenté et analysé de manière convenable, c'est évidemment dans la définition précise de cet objet que se détermine le nombre de pages nécessaires pour le traiter. Prenons un exemple simple ; si le sujet est formulé en ces termes : « L'informatisation des bibliothèques universitaires françaises », le traitement implique évidemment plus de pages que s'il est formulé en ces termes : « L'informatisation de la bibliothèque universitaire de Paris VIII Saint-Denis ». Cela, à traitement égal. C'est dans la définition de l'objet que les engagements se prennent et c'est à ce niveau que le nombre de pages est envisageable. Dès que vous avez rédigé le plan indicatif, je vous suggère d'indiquer à titre provisoire le nombre de pages que vous estimez devoir accorder au traitement de chacune des dimensions de votre travail. C'est évidemment une indication très provisoire, sujette à révisions ; elle peut se révéler utile.

3. LES FORMES DU « REMPLISSAGE »

Il est relativement rare qu'un mémoire soit trop « mince » ; il arrive le plus souvent qu'il soit « pauvre », malgré son épaisseur substantielle. Un mémoire de dimension réduite est généralement bien accueilli lorsque son contenu est copieux. Sont en revanche plus problématiques les mémoires qui camouflent leur médiocrité derrière de multiples remplissages. Qu'est-ce à dire ? Puisons dans nos souvenirs. Certains gonflent inutilement les annexes. Par qui seront-elles consultées ? D'autres chargent leur texte de documents divers dont on voit mal le lien avec le discours exposé. Plus précisément, il m'arrive de lire des chapitres bourrés de citations qui, sans doute, se renforcent, mais qui donnent rapidement une impression de redite. N'avez-vous jamais lu ces textes farcis d'extraits d'interviews qui ne sont jamais analysés, posés là on ne sait pourquoi ? à titre d'illustration peut-être ? On peut aussi multiplier les tableaux statistiques qui n'apportent aucune information significative. On peut doubler les extraits d'interviews ou ces tableaux statistiques d'un texte original qui se borne à exprimer en d'autres termes ce qui est déjà explicitement lisible dans ces documents. On peut enfin assommer le texte de considérations périphériques qui n'apportent rien au traitement du sujet, mais qui réussissent assurément à désorienter le lecteur. On peut...

Gardons-nous cependant de considérer comme du remplissage des documents, même longs, dont la richesse est évidente ou qui représentent une découverte à laquelle vos lecteurs seront sensibles.

9

COMBIEN DE TEMPS ?

Ceux qui emploient mal leur temps sont les pre-
miers à se plaindre de sa brièveté.

La Bruyère

1. LE TEMPS EST RAREMENT DÉTERMINÉ

Certaines institutions définissent un budget-temps consacré à la réalisation du mémoire. D'autres sont beaucoup plus vagues. Quelques mémoires sont déposés plusieurs années après la fin des études. Mais les délais conseillés ou « exigés » sont de plus en plus impératifs (dans ce domaine, les autorisations de prolongation se raréfient).

J'ai souvent observé que, lorsque la réalisation du mémoire s'étale sur une très longue durée, les conditions et la manière de le réaliser se transforment. Les difficultés augmentent. À mon avis, un mémoire devrait être achevé dans un délai de six mois à deux ans ; en y consacrant une partie plus ou moins grande de son budget-temps. Une durée minimale est nécessaire pour établir les contacts indispensables et pour repérer et traiter les sources. Dès que le retard s'accumule, il peut être opportun de se poser quelques questions :

– le sujet choisi est-il praticable ?
– la manière de travailler est-elle convenable ?

2. LA PLANIFICATION :
UNE ACTIVITÉ NÉCESSAIRE ET PERMANENTE

La gestion de la durée du mémoire implique donc une planification (voir le chapitre 6). Celle-ci permet de maîtriser le rapport entre les tâches à réaliser et les délais impartis. Elle est permanente puisque l'inconnu est présent à toutes les étapes du mémoire et que de fréquents réaménagements peuvent s'avérer nécessaires. En d'autres termes, il peut arriver que l'on doive effectuer plusieurs modifications ou adaptations du programme de travail.

3. ON PEUT GAGNER DU TEMPS

Une méthode de travail précise et explicite permet sans doute de gagner du temps. Il en va de même de l'anticipation des tâches. Il faut parfois un délai de trois semaines pour obtenir un rendez-vous ; le prévoir, c'est éviter un blocage ou une impasse. Et puis, le temps n'est pas homogène, pas plus que les tâches à exécuter pour réaliser le mémoire. La migraine, ça existe, la fatigue également. Aussi, faut-t-il savoir diversifier les tâches en fonction de leur complexité. Après une longue matinée d'écriture, il peut être opportun de passer à des activités plus simples (paginer un texte, feuilleter le classeur pour rafraîchir sa vision d'ensemble du mémoire, etc.). On ne suspend pas le temps, mais il est possible de l'aménager.

4. ÉCHECS, RÉVISIONS, SURPRISES

Une bonne planification n'évacue pas les possibilités d'échecs ou de surprises. L'objet étudié, précisément parce qu'il n'est pas connu, est souvent riche d'inattendus (positifs ou négatifs). Exemples : Pierre Durand fait un mémoire sur l'organisation de l'activité des psychiatres en France ; il découvre qu'un mémoire a été publié sur les conditions de pratique privée de la psychiatrie et que ce secteur est plus riche que prévu. Bonne surprise, mais il faut trouver deux jours pour lire ce document et deux entretiens complémentaires s'avèrent nécessaires. François Favre entreprend une étude comparée de deux modèles de prises en charge des toxicomanes. Une institution promet sa collaboration. Mais lorsque les enjeux se précisent, elle retire son concours. Il faut entamer de nouvelles démarches…

D'une certaine manière, toute planification doit intégrer un certain nombre de ces éventualités. Des surprises et des échecs doivent être considérés comme normaux. Ils sont significatifs de l'état du problème étudié. À cet égard, ils peuvent être analysés et devenir source de connaissances. Ce n'est donc pas toujours un drame.

5. L'INÉVITABLE « COUP DE COLLIER FINAL »

Lorsque le travail touche à sa fin, il s'en est passé des choses. Une imposante quantité d'informations a été accumulée. Des problèmes majeurs ou mineurs ont été résolus. La mise au point du manuscrit s'impose. À ce stade, « il faut avoir beaucoup de choses dans la tête » ; c'est la raison pour laquelle, rares sont ceux qui échappent à cette brève période d'intense travail pendant laquelle le mémoire devient une pieuvre envahissant tout le quotidien. Il faut le savoir et le prendre comme tel. Au fond, ça n'est pas si désagréable.

6. MIEUX VAUT AGIR QUE DISCOURIR SUR LE TEMPS QUI PASSE

Sans commentaire.

10

LA CONNAISSANCE DES LANGUES

Good bye !

DEUX MOTS

En abordant la réalisation d'un mémoire, vous disposez d'un bagage linguistique diversifié. Il est déterminé par votre histoire personnelle et votre formation. En fait, les langues que vous maîtrisez définissent votre accès à des champs culturels. La possibilité de réaliser une étude peut dépendre de l'état de vos connaissances des langues. Quelques exemples :
– la littérature indispensable peut être rédigée, pour l'essentiel, dans une autre langue ;
– la population que vous souhaitez approcher parle une autre langue (cf : les études sur l'immigration) ;
– la zone géographique sur laquelle vous envisagez de développer votre recherche connaît des clivages linguistiques. (C'est en particulier le cas de la Suisse et de la Belgique.)

Il convient d'anticiper l'analyse des problèmes que peuvent poser ces états de fait. Parfois, la méconnaissance d'une langue peut rendre impossible le choix d'un objet d'étude. Appréciez la situation avec rigueur. D'ailleurs, on peut souvent rafraîchir des connaissances scolaires.

11

TRAVAIL INDIVIDUEL OU TRAVAIL DE GROUPE ?

Sur un chemin montant, sablonneux, malaisé,
Et de tous les côtés au soleil exposé,
Six forts chevaux tiraient un coche.

La Fontaine

L'union fait la force ? À certaines conditions...

1. INTÉRÊT ET DIFFICULTÉS DU TRAVAIL EN GROUPE

Le mémoire a longtemps été considéré comme une activité individuelle permettant à l'étudiant de réaliser un travail autonome, sous sa responsabilité et de parcourir ainsi toutes les étapes d'une recherche. Diverses circonstances, sur lesquelles je ne reviendrai pas, ont mis en cause cet état de fait. Aujourd'hui, les positions ont partiellement changé.

Concrètement, certaines institutions de formation exigent encore le travail individuel. D'autres lui donnent la préférence, mais autorisent le travail de groupe. Quelques-unes enfin préfèrent et encouragent le travail de groupe. Sur ces questions, les débats ont été nombreux et l'encre a coulé. Il me paraît que les deux types de mémoires ont leurs avantages et leurs inconvénients. Il s'agit de choisir sa voie avec le maximum de lucidité. Tentons de mettre en évidence les données du problème.

Dans le schéma de la page suivante, je propose un modèle de réflexion sur les différences entre les deux types de mémoires. Prenez-en connaissance, vous constaterez que la présentation est limitée parce que très schématisée. Tout le monde connaît la complexité de l'activité en groupe. Nous savons que les cours et sessions qui préparent aux activités de groupe fleurissent aujourd'hui et constituent même un marché juteux. Les groupes de travail ne sont pas épargnés par l'imprévisible. Je connais des mémoires de groupe qui se sont achevés par d'heureux mariages, d'autres qui sont à l'origine de brouilles tenaces. N'en disons pas plus.

2. LA PLANIFICATION DE LA DIVISION DU TRAVAIL

Une chose est certaine, le travail de groupe implique une organisation de la division du travail. C'est une activité qui doit définir :
– les tâches qui seront réalisées en commun ;
– celles qui seront déléguées à chacun des membres du groupe ;
– les modalités de restitution à l'ensemble du groupe ;
– les modalités de contrôle ;
– les modes de communication permettant à chacun de maintenir une vue d'ensemble sur le mémoire.

Précisons que cette tâche doit être réalisée au début de la démarche ; il convient cependant de la renouveler chaque fois que vous opérez des changements significatifs.

Dimension	Mémoire individuel	Mémoire de groupe
ampleur	limitée aux moyens d'une seule personne	peut être plus vaste
accès aux informations	limitée aux capacités d'une seule personne	possibilités d'accès diversifiées
choix théoriques et méthodologiques	les options du chercheur sont déterminantes	un consensus doit être construit
gestion de l'information	le chercheur maîtrise toutes les données	la communication doit être planifiée et pratiquée
autonomie	le chercheur décide souverainement	la négociation est une activité permanente
résistance aux difficultés	une difficulté majeure peut mettre en péril le projet	le groupe peut « éponger » une difficulté
vision globale de la problématique	le chercheur maîtrise son mémoire	doit être organisée comme activité permanente
rédaction	plus longue et plus homogène	• plus brève • problèmes d'homogénéisation

Mémoire individuel – Mémoire de groupe
Avantages et inconvénients

3. LES CONDITIONS DE MAÎTRISE DE LA GLOBALITÉ

Pour qu'il y ait groupe de travail et surtout travail de groupe, il est bon de tendre vers un idéal : que chacun maîtrise l'ensemble du mémoire pendant les phases de réalisation et à son terme. Il faut également que chacun participe activement aux étapes clés de la réalisation afin d'être en mesure de prendre part aux travaux de synthèse et à l'élaboration des conclusions. Cela ne va pas de soi. Quelques précautions s'imposent ; indiquons-les brièvement.

Schéma

• L'élaboration du projet et la construction des plans doivent être faites en commun.

• Dans toute la mesure du possible, chacun doit en tout temps avoir accès à l'ensemble du travail déjà réalisé (la technique du classeur est particulièrement opportune pour atteindre cet objectif).

• Le plan de rédaction doit être spécialement explicite et détaillé.

• Tous les chapitres doivent être discutés en séances communes.

4. LES CONDITIONS MATÉRIELLES DE LA COLLABORATION

De tels objectifs seront d'autant plus facilement atteints que vous tiendrez compte de quelques conditions matérielles susceptibles de stimuler le travail de groupe :

– planifiez des rencontres régulières ;

– évitez les espaces-temps trop longs entre les séances de groupe ;

– essayez de réunir la documentation dans un lieu facilement accessible à tous ;

– soignez la forme des documents de travail pour qu'ils puissent être lus par tous ;

— tenez compte explicitement de la diversité des ressources matérielles de chacun des membres du groupe ;
— prenez en considération les capacités et les rythmes de travail de chacun ;
— etc.

5. DIFFICILE DE SE RACONTER DES HISTOIRES

Le mémoire est une épreuve implacable pour un groupe. La sympathie est nécessaire, elle n'est pas suffisante. Inutile de se raconter des histoires, de mettre sous le boisseau les différences, les difficultés de chacun, voire les désaccords. Tôt ou tard, ils resurgissent plus intensément et peuvent mettre en cause la réussite du projet. Dans le cadre du travail de groupe, l'application du test présenté au chapitre 4 est particulièrement importante. Sans tomber dans le voyeurisme, une réelle franchise est nécessaire. Elle est condition de la reconnaissance des différences, de la bonne utilisation des compétences spécifiques de chacun et de la saine gestion des compromis inévitables.

12

LE DIRECTEUR DU MÉMOIRE

*Tout le monde veut enseigner à bien faire et per-
sonne ne veut l'apprendre.*

J.-J. Rousseau

1. ENJEUX

Le mémoire étant un acte d'apprentissage, il est très souhaitable
d'être aidé dans ce travail par une personne qui est en mesure de
mettre à disposition ses compétences et son expérience. En fait,
la plupart des institutions de formation le prévoient et désignent
des directeurs de mémoires. Pratiquement, cet encadrement peut
revêtir des formes très différentes selon les institutions :

– dans certains cas, le directeur du mémoire est nécessairement
  le professeur qui enseigne la discipline à laquelle se rattache le
  sujet choisi. C'est également ce professeur qui est appelé à
  juger le mémoire ;

– dans d'autres situations, l'étudiant dispose d'une grande autonomie dans le choix du directeur de mémoire et celui-ci n'est
  que l'un des membres d'un jury appelé à évaluer son travail ;

– et il existe de multiples situations intermédiaires.

En outre, certaines institutions offrent aux directeurs de
mémoires un budget-temps très limité. Dans d'autres cas, la
situation est plus confortable. À cela s'ajoutent toutes les caractéristiques individuelles. Dans tous les cas, le choix du directeur de

mémoire est un acte important ; une part notable de la réussite peut en dépendre. En cas d'échec, c'est presque toujours l'étudiant qui « ramasse les pots cassés ».

2. QUE PEUT-ON ATTENDRE D'UN DIRECTEUR DE MÉMOIRE ?

Bien sûr, vous attendez d'un directeur de mémoire qu'il vous aide avec compétence, sympathie, patience, efficacité, dans un rapport le plus clair et le plus cordial possible. Difficile de commenter ici tous ces éléments ! En revanche, je vous propose une liste d'activités et de prestations qui sont souvent offertes par des directeurs de mémoires :

- le directeur de mémoire peut vous apporter des informations et des éclaircissements dans le cadre du choix de l'objet du mémoire. Le cas échéant, il peut vous suggérer un champ d'étude particulièrement intéressant ;

- il peut participer à l'application du test qui vous permet de mesurer la pertinence du sujet envisagé (voir le chapitre 4) ;

- il peut vous aider à établir l'état de la question et vous fournir les bibliographies de base ;

- il peut vous mettre en contact avec des personnes-ressources susceptibles d'être des informateurs précieux dans le domaine que vous avez retenu ;

- il peut vous donner des indications théoriques et méthodologiques ;

- il peut vous faciliter l'accès à des sources ou à des institutions, par intervention directe ou par lettre de recommandation ;

- il peut vous fournir des conseils systématiques sur l'évolution de la problématique que vous construisez ;

- il peut vous conseiller sur la manière de réaliser « pratiquement » le mémoire. Ce petit livre est loin de suffire, vous vous en doutez, il convient d'affiner et d'adapter ces considérations générales à la spécificité de l'œuvre que vous réalisez ;

– il peut établir avec vous les bilans intermédiaires et vous conseiller dans la planification des diverses étapes de votre étude ;

– il peut relire et critiquer les premiers textes que vous produisez en veillant à l'unité du mémoire ;

– il peut vous aider à résoudre des difficultés imprévues ou à interpréter des découvertes, surtout lorsqu'elles annoncent des réorganisations importantes ;

– il peut vérifier le manuscrit ;

– il peut donner des conseils pour la diffusion du mémoire.

Vous observez que j'ai largement utilisé l'expression « il peut » ; peut-être eût-il été préférable d'écrire « il doit ». Cette liste de tâches correspond à une activité considérable qui exige une disponibilité importante. Souvent, quelles que soient leurs compétences ou leur bonne volonté, les directeurs ne bénéficient pas des disponibilités nécessaires pour faire face à toutes ces tâches. Dans ces conditions, une clarification des conditions de collaboration et une planification de ces modalités sont absolument indispensables.

3. FORMES DE COLLABORATION

Quelques brèves remarques, au fil des souvenirs.

La collaboration doit porter à la fois sur le contenu (sur la problématique) et sur la manière de faire (méthodologie, techniques). Ces deux dimensions sont nécessaires. Attention aux nuages de bons conseils et aux encouragements rapides ; vous ne réalisez pas simplement une approche d'un problème, vous rédigez un mémoire, c'est une autre histoire.

Nous parlions plus haut de votre motivation pour l'étude de l'objet que vous choisissez. Les motivations du directeur ne sont pas moins importantes.

Puisque certains le murmurent, évoquons le cas des « directeurs qui exploitent leurs étudiants », ou qui les pillent pour leurs propres travaux et recherches. Il existe quelques cas regrettables, peu nombreux sans doute, à ne pas confondre avec les multiples et heureuses collaborations qui permettent de réaliser des travaux intéressants et de qualité. Dans les sciences sociales, les champs à observer sont si vastes et les domaines en friche si nombreux, qu'il y a place pour de multiples et stimulantes formes de coopération, y compris entre étudiants et directeurs de travail. Cela dit, donnez-vous les moyens de garantir votre liberté, votre autonomie et de garder la maîtrise du travail que vous produisez. Cela ne doit pas être un sujet tabou.

4. LA NÉCESSITÉ D'UN CONTRAT EXPLICITE

Ne vous contentez pas de vagues promesses. Bien sûr, dans toutes les formes de collaboration, il existe une part importante d'aléatoire. Pourtant, une sorte de contrat devrait lier les partenaires ; celui-ci pourrait porter sur tous les points évoqués au chapitre 11 rubrique 2. Au minimum, il devrait être explicite sur les questions suivantes : le budget-temps, la fréquence des rencontres, les domaines sur lesquels porte la collaboration et les problèmes pour lesquelles le recours à d'autres ressources s'impose.

Une observation :
des amitiés solides sont nées de ces collaborations.

13
À QUOI SERVENT LES LIVRES ?

1. QU'EST-CE QUE « L'ÉTAT DE LA QUESTION » ?

À la base des livres, il y a le plus souvent des livres. Il en va de même en ce qui concerne les mémoires. Je le disais au chapitre 3, on est rarement le premier à aborder une question ou, plus précisément, le champ thématique que l'on entreprend d'analyser est déjà balisé par des études voisines ou « cousines », ou bien il se réfère à des thèmes fondamentaux sur lesquels des bibliothèques entières ont été écrites. Dans ces conditions, celui qui entreprend la réalisation d'un mémoire doit faire « l'état de la question ». Qu'est-ce à dire ? Il s'engage dans une démarche à deux dimensions. D'une part, il doit prendre connaissance des travaux qui ont été réalisés sur le thème spécifique qui fait l'objet de son mémoire. D'autre part, il doit s'efforcer de mettre la main sur des ouvrages de synthèse qui font le point sur les grandes questions qui encadrent la problématique retenue. Par exemple, on peut analyser la profession de psychiatre et indiquer des perspectives pour son développement. Il faudra constituer une bibliographie concernant la profession de psychiatre. Cependant, il n'est guère possible de réaliser un tel mémoire sans établir des dossiers sur la politique de la santé, l'évolution des professions sociales et sanitaires, les compétences des pouvoirs publics etc. Accomplir toutes ces démarches, c'est faire « l'état de la question ». Mais à quoi peuvent encore servir les livres ?

2. POUR S'APPROPRIER LES INSTRUMENTS THÉORIQUES ET MÉTHODOLOGIQUES

Prenons un exemple. Il est de bon ton d'appliquer la théorie des systèmes pour étudier les problèmes sociaux. Or, celle-ci peut être utilisée pour l'analyse des questions les plus diverses (de la famille monoparentale aux scénarios de la vieillesse). Le recours aux livres permet de conquérir ces instruments. De même, lorsque l'on entreprend d'appliquer un questionnaire, de le dépouiller, d'élaborer des tableaux, bref, de réaliser une étude empirique, il est utile, voire essentiel, de prendre connaissance de quelques ouvrages qui procèdent de la même manière et dont les auteurs ont été confrontés aux mêmes difficultés.

3. POUR CONNAÎTRE DES ÉTUDES RÉALISÉES SUR DES SUJETS VOISINS

La recherche d'originalité est souvent à la base du choix du sujet de mémoire. C'est spécialement le cas chez ceux qui sont engagés dans une activité professionnelle ou qui ont des objectifs socio-politiques. Il arrive qu'ils ne trouvent pas d'ouvrages ou d'articles qui traitent de la question qu'ils ont choisie. Pourtant, il existe certainement des travaux que nous pourrions appeler « voisins ». Quand nous avons étudié la profession d'ergothérapeute[1] nous avons découvert une étude sur les laborantins, une étude sur les notaires, etc. En quelque sorte, les livres nous ont permis d'avoir

---

1. M. Dubochet, J.-P. Fragnière, *Les Ergothérapeutes*, Delta, Vevey, 1979.

accès à des travaux et des auteurs qui se posaient des questions voisines des nôtres.

4. POUR CONSTRUIRE UNE DOCUMENTATION SUR LES DIVERSES DIMENSIONS DU MÉMOIRE

Nous le savons, un sujet de mémoire renvoie à des thèmes centraux immédiatement perceptibles. Mais, il existe aussi un ensemble de thèmes annexes ou connexes qui concourent à la compréhension de la question posée. Pour les maîtriser, vous ne disposez que d'un temps réduit. Des livres et des articles permettent de constituer ces indispensables dossiers et, ainsi, de définir plus complètement les contours de votre objet d'étude. Vous ne pouvez pas tout traiter. Utilisez le patrimoine transmis par d'autres.

5. POUR DÉFINIR UN MODÈLE

Si ce mémoire est votre premier ouvrage d'envergure, il peut être opportun que vous cherchiez un ou des modèles. Un mémoire particulièrement bien construit et dont la forme est correcte. Un ou deux livres dont la structure ressemble à ce que vous souhaiteriez réaliser. Il ne s'agit évidemment pas de faire de l'imitation systématique ; on peut avoir plusieurs modèles. J'ai cependant observé combien est utile la lecture attentive et spéciale de ces références. Pour les découvrir, faites-vous conseiller par votre directeur de travail ou des amis.

Bien sûr, les livres servent à beaucoup de choses encore.

14

LA RECHERCHE BIBLIOGRAPHIQUE

*Il en est des livres comme du feu dans nos foyers :
on va prendre le feu chez son voisin, on l'allume
chez soi, on le communique à d'autres et il appartient à tous.*

Voltaire

1. DE QUOI S'AGIT-IL ?

Les livres rendent de nombreux services, encore faut-il les trouver et trouver les bons. Il paraît chaque jour une telle quantité
d'ouvrages et d'articles, dans toutes les langues. Ces textes sont
rarement rassemblés dans un même lieu, particulièrement
lorsqu'ils concernent des thèmes spécialisés. La recherche bibliographique consiste donc à identifier les livres et articles pertinents pour votre étude et à rassembler les informations
permettant d'en prendre connaissance.

2. ELLE SE CONSTRUIT EN FONCTION
DE LA SPÉCIFICITÉ DE L'OBJET

Les premières démarches de votre recherche bibliographique
vous montrent qu'il s'est écrit une quantité de choses sur votre
sujet. C'est la définition de l'objet qui vous fournit les critères
permettant d'opérer des sélections. Mais, attention, ne soyez pas
trop rigide, laissez-vous interpeller par des documents inattendus

ou insolites. Il faut être systématique, sans cependant brimer votre curiosité créatrice.

3. ELLE SE CONSTRUIT EN FONCTION DES RESSOURCES DISPONIBLES

La recherche bibliographique, c'est du temps, des heures devant l'écran, des déplacements, de la correspondance et des achats. Bref, il est essentiel de tenir compte de tous ces éléments pour réaliser cette investigation. Ce sont les ressources matérielles. D'autres ressources sont constituées par votre connaissance des langues. Enfin, des bibliothèques ou des centres de documentation sont à votre disposition. Et grâce à Internet, vous accédez à une masse de ressources imprévisible. Je vous suggère de faire un inventaire de tous ces éléments avant d'entreprendre votre recherche bibliographique.

4. LA RECHERCHE EN CASCADE

Il est très rare que, pour la réalisation d'un mémoire, vous procédiez à une recherche bibliographique exhaustive (dans la mesure où cela peut avoir un sens). D'une manière générale, vous devrez repérer quelques ouvrages et articles concernant les principales dimensions de votre mémoire (voir le chapitre 15). En outre, vous devrez mettre la main sur des textes qui concernent la spécificité de votre objet.

J'appelle recherche bibliographique en cascade l'ensemble des démarches qui, partant d'une connaissance limitée du sujet, permettent de repérer un matériel convenable susceptible de rendre possible la réalisation du mémoire.

Évidemment, plusieurs scénarios sont possibles ; j'en décris un à titre indicatif.

────────── **Une précision importante** ──────────

Pour entreprendre une recherche bibliographique, il faut être un peu familiarisé avec le sujet choisi. Sinon, vous serez vite noyé dans une mer de références « qui ne vous diront rien ». Si vous avez retenu un thème tout neuf (pour vous), commencez par lire attentivement un ou deux livres, qui vous permettront d'explorer ce domaine. Faites-vous conseiller ! La recherche bibliographique vient après.

Les thèmes clés

Sur la base de la définition de l'objet (voir chapitre 2), vous établissez une brève liste des thèmes clés qui seront abordés dans le mémoire.

Des personnes ressources

Dans la mesure du possible, vous prenez contact avec une ou deux personnes dont vous pensez qu'elles ont des compétences dans le domaine choisi. Vous leur présentez votre projet et vous leur soumettez la liste de vos thèmes clés en leur demandant des indications bibliographiques.

Premières lectures

Vous rassemblez une partie de ces documents (livres, articles, dossiers, etc.). D'abord ceux qui sont facilement accessibles, récents et qui vous ont été présentés comme importants. Cela fait vite un « tas » que vous feuilletez de manière spontanée et, pourquoi pas, dans le désordre. Ensuite, vous concentrez votre attention sur les notes et les bibliographies contenues dans ces textes. Vous y découvrirez sans doute un grand nombre de références, mais celles-ci seront moins abstraites, vous parviendrez déjà à situer des ouvrages et des auteurs et, par conséquent, à percevoir l'importance qu'ils vont jouer dans la mise en œuvre de votre mémoire. Au terme de cette opération, vous disposez d'un ensemble de références, mais aussi de pistes de recherche.

Les bibliothèques

Il est probable que vous ayiez déjà eu recours aux services d'une bibliothèque pour constituer votre premier « tas » sur la base des informations obtenues des personnes que vous aurez consultées. Mais votre travail était facilité par le fait que vous aviez des indications précises et que vous vous borniez à une opération d'emprunt de documents. Les bibliothèques peuvent vous offrir des services supplémentaires :

– les fichiers-auteurs vous permettent de repérer les ouvrages d'un chercheur dont vous savez qu'il a travaillé sur votre thème ;

– le fichier matière vous permet de découvrir des ouvrages et des revues publiés sur les différents thèmes qui constituent votre sujet ;

– les bibliothèques, et cela est très important, réunissent des quantités de répertoires thématiques et de bibliographies spécialisées dans différents domaines (par exemple : « L'intelligence artificielle ») ;

– enfin, la grande majorité des bibliothèques utilisent judicieusement l'informatique, elles sont reliées entre elles, les plus importantes offrent des services de fabrication de bibliographies thématiques au moyen des ordinateurs. Elles sont connnectées à d'importantes banques de données. Dans ce domaine, les progrès sont importants et extrêmement rapides. Actuellement déjà, le problème est moins d'obtenir de longues listes d'ouvrages que de choisir des textes de qualité, particulièrement pertinents pour la réalisation de votre projet. Toujours, il vous faudra du travail, de l'exploration, du flair, des conseils, etc. Notons que parallèlement aux bibliothèques, il existe des centres de documentation, parfois moins connus, qui réunissent de riches collections de travaux sur un thème précis (exemples : le Centre de documentation de la musique contemporaine, à Paris, pour les partitions et enregistrements des œuvres des compositeurs de notre temps ou encore le centre de documentation-recherche de l'Institut national de recherche pédagogique, à Paris, pour tout ce qui concerne les sciences de l'éducation et la recherche en ce domaine).

Les bibliothécaires

Ce ne sont pas des « rangeurs de livres ». Leur activité les met en contact avec une masse de documents et vous constaterez souvent que leur culture est vaste. Trop de personnes, cependant, voudraient qu'ils construisent à leur place leur bibliographie, les transformant en experts du champ d'analyse qu'elles ont choisi pour leur mémoire. C'est souvent un leurre, parce que c'est leur demander l'impossible. En revanche, ils vous guideront volontiers dans les dédales de l'accès aux documents dont vous avez besoin.

Le plan de lecture

Au terme de toutes ces explorations, il est opportun de faire une pause et d'élaborer un plan de lecture, à savoir : choisir les textes que vous lirez, en fonction des exigences de l'objet d'étude et du temps disponible. Et comme vous le savez, un livre en cache un autre ; la lecture d'un auteur peut appeler la lecture des analyses critiques publiés sur ses travaux. Dans ces conditions, il vous appartient d'être à la fois curieux et souple. Autrement dit, un plan de lecture se révise ; dans tous les cas, il est nécessaire pour conduire à bien la réalisation d'un projet.

Indications pratiques

La recherche bibliographique implique la construction d'un support, par exemple, un fichier (voir le chapitre 7), ou encore l'élaboration de feuilles bibliographiques à placer dans le classeur. En outre, vous trouvez dans la plupart des bibliothèques des listes de *centres de documentation spécialisés*. Informez-vous.

5. UN EXEMPLE DE RECHERCHE EN BIBLIOTHÈQUE UNIVERSITAIRE (BU) [1]

Les bibliothèques universitaires françaises sont des bibliothèques encyclopédiques mettant un nombre de volumes important à la disposition du public.

Inscription

En général, les B.U. sont ouvertes à tous, mais seuls peuvent emprunter les documents pour le prêt à domicile, les étudiants inscrits à l'université dont dépend la bibliothèque.

Toutefois, il est possible dans certaines bibliothèques d'avoir des autorisations de prêt délivrées sur demande.

Prêt interbibliothèque

Si vous cherchez un document (ouvrage, périodique, thèse, microfiche, microfilm, etc.) qui n'est pas à la B.U. où vous vous trouvez, vous pouvez en faire la demande au service du prêt interbibliothèque ou interuniversitaire.

Ce service permet :

– d'emprunter des ouvrages, thèses, périodiques, etc., à d'autres établissements, universitaires ou non, français ou étrangers ;

– d'obtenir des photocopies d'articles, de périodiques, éventuellement d'extraits d'ouvrages.

---

1. Les informations qui suivent sont extraites de la documentation mise à notre disposition par la bibliothèque universitaire de l'université Paris VIII. Une documentation analogue est souvent disponible dans les autres bibliothèques du même type.

Les documents empruntés ne peuvent être consultés que sur place et le port des ouvrages empruntés ainsi que les photocopies sont payants[1].

6. RECHERCHES DOCUMENTAIRES INFORMATISÉES

L'accès à l'information

Le nombre de documents publiés : livres, revues, articles, rapports, comptes rendus de congrès, brevets, etc., croît de façon exponentielle. Même les grandes bibliothèques ne disposent aujourd'hui que d'une partie de la littérature ; leurs catalogues recensent seulement les ouvrages en leur possession. Les bibliographies imprimées sont de plus en plus volumineuses et leur utilisation devient toujours plus malaisée. L'accès à l'information se heurte, ainsi, à des obstacles difficiles à surmonter.

Les bases de données

Les développements de l'informatique ont permis, dès le début des années 1970, la constitution en ordinateur de centaines de fichiers bibliographiques constamment tenus à jour et contenant actuellement plusieurs dizaines de millions de références. Chargées en mémoire dans les centres de calcul de compagnies inter-médiaires dites serveurs, ces bases de données sont accessibles en ligne par le réseau international de transmission de données. Les logiciels d'interrogation utilisés permettent de sélectionner rapi-dement l'ensemble des références répondant aux critères définis par l'utilisateur : nom de l'auteur, titre, sujet, année de publica-tion, langue, etc. Enfin, les groupes de références ainsi sélection-nés peuvent être imprimés sur place ou à distance.

Les B.U. offrent une nouvelle prestation à leurs lecteurs : l'accès en ligne à un grand nombre de ces bases de données

---

1. Attention ! Prévoyez des délais de deux à trois semaines.

bibliographiques disponibles en Europe et aux États-Unis et souvent dans le monde entier.

Déroulement d'une recherche

Après un premier entretien visant à définir les objectifs et les thèmes de la recherche, un collaborateur de la B.U. prépare la stratégie : sélection des bases à consulter et choix des termes à utiliser. L'interrogation sur terminal est ensuite effectuée en présence et avec la collaboration de l'utilisateur. Les listes de références bibliographiques obtenues et imprimées en différé sont expédiées par poste. L'ampleur de la recherche est adaptée aux besoins de l'utilisateur et une recherche rétrospective peut être complétée par des mises à jour périodiques. Souvent, on vous proposera de communiquer par e-mail.

Accès aux documents originaux

Une recherche bibliographique fructueuse aboutit à une liste de références. Pour obtenir les documents originaux[1] ou leur photocopie, les autres ressources de la bibliothèque sont à disposition : catalogues, prêt, prêt interbibliothèques. Dans des cas difficiles, la B.U. conseille ou aide à obtenir les documents recherchés.

N'hésitez pas à avoir recours à ces services[2].

---

1. On utilise souvent l'expression « document primaire » puisqu'il peut s'agir d'une photocopie.
2. Ils sont payants (en moyenne, le prix d'une recherche est de 20 à 200 euros parfois.)

15

LE PLAN

Lorsque j'observais que, parmi les personnes de même capacité, certaines étaient très pauvres, tandis que d'autres étaient très riches, je fus étonné et il me sembla que le fait méritait investigation. Or, il m'apparut que cela était arrivé tout naturellement. Celui qui avait agi sans suivre de plan en avait souffert ; mais celui qui s'était servi de son intelligence pour construire un plan avait travaillé plus vite et plus facilement, et d'une façon plus profitable.

Xénophon

1. PLAN ET PLANS

La planification du travail est d'une utilité permanente, elle accompagne toute les phases de l'élaboration du mémoire. Elle se matérialise par la construction de plusieurs instruments de travail qui constituent des guides pour votre activité, qui vous permettent d'ordonner les informations recueillies et qui sont en quelque sorte les garants de l'unité de votre mémoire, comme de la place respective affectée aux différents éléments qui le constituent.

Le plan n'est pas un élément rigide, il est appelé à être révisé, modifié, transformé. Je crois donc utile de distinguer trois types de plans (ou trois moments de l'évolution du plan du mémoire) : le plan indicatif, le plan opérationnel détaillé et le plan de rédaction. Je vous les présente brièvement.

2. LE PLAN INDICATIF

C'est celui que l'on construit dès le début du travail, après avoir défini l'objet d'étude ; il découle d'ailleurs directement de cette définition ; en fait, il matérialise et visualise les principales dimensions du mémoire. Par définition, il est indicatif, donc relativement bref. Il est appelé à être complété, transformé et affiné. Il permet de présenter une première image du travail à accomplir et il constitue l'une des bases des entretiens que vous aurez avec vos conseillers ; en outre, il vous permettra d'organiser la recherche bibliographique et de planifier les étapes de la réalisation de votre travail (voir chapitre 6).

3. LE PLAN OPÉRATIONNEL DÉTAILLÉ

Au terme des premières phases de votre étude, le plan indicatif est commenté et développé ; il est enrichi par les éléments que vous aurez découverts dans vos lectures. Votre perception des différentes dimensions du mémoire est plus fine. Vous pouvez rédiger le plan opérationnel détaillé. Celui-ci est fabriqué de la manière la plus explicite possible, avec des phrases complètes, il contient également la définition des tâches qu'il vous appartient de réaliser pour élaborer chaque chapitre, voire chaque paragraphe. Dans ce sens, il est d'abord un moyen de planifier le travail et de contrôler son avancement. Je précise qu'il peut comporter des « zones d'ombre » correspondant à des problèmes non résolus.

4. LE PLAN DE RÉDACTION

Lorsque le travail est bien avancé, quand les documents ont été rassemblés, vient le temps de la rédaction. Il importe d'abord de relire attentivement l'ensemble des dossiers que vous allez constituer (le ou les classeurs) et de produire le plan de rédaction. Celui-ci établit la forme définitive du mémoire ; il est prioritairement orienté vers l'exposition de la démarche réalisée et des résultats obtenus.

Relevons deux de ses caractéristiques : il est *explicite*, il est *détaillé* (le plus proche possible de ce qui sera effectivement écrit). Pour ma part, je m'efforce d'atteindre ces deux objectifs par trois moyens :

- dans la mesure du possible, je tente de planifier chaque paragraphe (avec un sous-titre qui pourra « tomber » dans le texte final) ;
- je formule tous les titres de manière très explicite afin de savoir exactement ce qu'il conviendra de rédiger ;
- j'attribue à chaque chapitre, voire à chaque section de chapitre, un nombre de pages. Et je fais l'addition. On tient la plume de manière tout à fait différente lorsqu'il faut rédiger dix lignes ou dix pages. D'ailleurs, ce n'est qu'un engagement provisoire, il est toujours possible de rectifier en cas de nécessité ou de découverte importante.

5. AU SERVICE DE L'UNITÉ DU MÉMOIRE

Tout le monde sait que les plans ne fonctionnent jamais parfaitement et qu'il ne faut pas s'y enfermer. Alors, n'insistons pas. Cependant, la planification permet d'augmenter vos chances :

- de travailler avec plus de sécurité ;
- d'éviter des détours inutiles ;
- de ne pas perdre de vue l'unité du mémoire ;
- de mieux communiquer avec vos collègues ou conseillers.

Tout cela est particulièrement important pour ceux qui ne peuvent pas travailler de manière continue. Hier, un étudiant m'apportait un paquet de feuilles en me disant : « Voici les deux premiers chapitres, je n'ai pas fait de plan, mais j'ai tout dans la tête. » Ce monsieur a beaucoup de chance.

16
À QUI S'ADRESSE LE MÉMOIRE ?

> *Un auteur à genoux, dans une humble préface, au*
> *lecteur qu'il ennuie a beau demander grâce, il ne*
> *gagnera rien sur ce juge irrité.*
>
> Boileau

Rares sont ceux qui ne souhaitent pas être lus par quelqu'un, par quelques-uns, par beaucoup. Quelquefois modeste au début, cet appétit légitime va croissant avec les découvertes que permet la réalisation d'un mémoire. Autrement dit, nous avons presque toujours un public dans nos têtes.

1. LA DÉFINITION DES LECTEURS CIBLES

À qui vous adressez-vous lorsque vous écrivez votre mémoire ?

À votre directeur ? au jury ? à vos collègues ? à votre milieu professionnel ? à... ? La question n'est pas triviale. Les réponses que vous lui donnez ont une importance non négligeable pour le choix du mode d'expression et pour la rédaction de votre texte. Essayons de cerner quelques indications qui permettent de répondre à cette question, sachant bien que, sur ces sujets, les opinions peuvent diverger :

– d'une manière générale, adressez-vous à vos collègues et à l'ensemble de votre milieu professionnel (actuel ou futur), ainsi qu'à des personnes qui appartiennent aux disciplines voisines ;

– évitez de construire votre mémoire uniquement en fonction de votre directeur de travail ou du jury qui devra l'apprécier ;

– si vous visez un public plus large, notez que le mémoire de 50 à 200 pages n'est certainement pas la forme de communication adéquate. Il faudra sans doute envisager un article ou une plaquette ;

– lorsque vous réalisez une recherche-action (voir chapitre 5), le choix du mode de communication est extrêmement important. Il est constitutif du sens même de la recherche.

En tout état de cause, tous ces choix doivent précéder la rédaction du mémoire.

2. LES CONSÉQUENCES SUR LA FORME ET LES MODALITÉS D'EXPRESSION

Votre définition des lecteurs cibles a des conséquences sur votre manière d'exposer vos informations et vos raisonnements. Ainsi, vous ne devez pas supposer que vos lecteurs en savent plus ou autant que vous sur l'objet que vous traitez. Cela implique qu'ils ont droit à un certain nombre d'informations générales sur le contexte de votre étude, à des éclaircissements sur vos sources et que, dans toute la mesure du possible, vous devez leur épargner un langage trop codifié.

Bien sûr, il n'est pas nécessaire de définir tous les termes utilisés. En revanche, il est important de le faire pour les termes techniques qui ont un rôle clé dans votre exposé et votre raisonnement.

Lorsque vous parvenez à la phase de rédaction, vous connaissez une masse d'informations et vous avez procédé à de multiples analyses. Vos lecteurs n'ont pas fait la même démarche ; vous devez leur fournir tous les éléments qui leur permettent de suivre votre exposé.

Écrire un mémoire, c'est communiquer.

17

UNE AVENTURE DE JULES

Il s'élève, il descend, va, vient, plus haut, s'élance,
retombe, remonte en cadence.

Florian

Pour faire une pause, je vous propose un extrait des aventu-
res de Jules Amiguet telles qu'elles m'ont été racontées et
commentées par Martial Gottraux[1].

Grâce à l'influence bénéfique de son épouse Séraphine, Jules avait
accumulé pas mal de connaissances en matière d'agriculture biologique.
Pour lui, il devenait de plus en plus insoutenable de se promener dans la
campagne, d'être constamment confronté au gâchis provoqué par l'abus
des pesticides, insecticides et défoliants. La nuit, il en rêvait. C'est ainsi
que, peu à peu, naquit en lui le projet d'écrire. Il avait son mot à dire et il
se mit à penser sérieusement à la rédaction d'un pamphlet contre les
bourreaux de la chlorophylle, comme il les appelait.

Cependant, avant d'avoir commencé à écrire, Jules voulait absolument
trouver le titre exact de son œuvre. On le voyait, quelquefois,
monologuant sur le chemin du bois de la Charpie.

« Contre les bourreaux du sol » (Non, trop violent !)

« Prolégomènes pour une démystification de l'agriculture à grand
rendement » (Non, trop long !)

« Réflexions sur la question agricole » (Non, ça me rappelle quelque chose...)

« La volonté de planter » (Non, ça aussi...)

Les gens s'étonnaient de le voir réciter ainsi un étrange chapelet. Il lui
fallut bien parcourir au moins vingt fois le chemin du bois de la Charpie

---

1. Martial Gottraux, « Ici-Pahud », Document multicopié, EESP, Lausanne, 1979.

avant de réaliser qu'il ne trouverait pas le titre idéal. Il commençait à douter.

« Si je n'arrive pas à trouver le titre, ça va être du joli par la suite ! »
Et, la nuit, c'était désormais du titre qu'il rêvait. Jules aurait pu abandonner là, comme beaucoup. Il en était proche. Ce fut Séraphine qui le tira d'affaire.

« Voyons, Jules, ne sois pas idiot ! Tu le trouveras après ton titre ! Comment veux-tu nommer quelque chose qui n'existe pas encore ? »
« C'est vrai », pensa Jules. Et il se sentit soulagé. C'était un peu comme si, désormais, il avait le droit d'écrire.

La recherche du titre, c'est souvent la recherche d'un signe qui marque symboliquement le droit d'écrire ; la recherche d'une preuve qui signifie à nos propres yeux que l'on sait ce que l'on va écrire. Tout se passe comme si un « bon » titre validait à l'avance ce que nous allons écrire. C'est aussi la recherche d'une confiance en soi. C'est bien sûr ridicule, mais aussi instructif. Celui qui s'évertue à trouver le « bon titre » avant de commencer croit trop souvent que le titre va lui indiquer ce qu'il faudra écrire. Ça produit des catastrophes.

Jules était assis, la plume à la main, devant sa page blanche. Il avait laissé un espace pour le titre qu'il trouverait plus tard. « Page 1 », avait-il écrit (en caractères gras), en haut de la feuille. Jules voulait écrire. Il enrageait à l'idée des imbécillités contenues dans le dernier traité d'agriculture scientifique de Victor Sorguet. Devant lui roulaient déjà les vagues d'un blé mûr, sans pesticide, et Jules imaginait presque tous ces épis le remerciant pour leur bonne santé. Oui, grâce à son livre, tout allait changer. Et Jules sentait en lui bouillonner la colère, de gros paquets d'arguments affluaient à sa conscience. C'était comme une boule dans la gorge, une excitation, comme lorsque l'on monte sur le grand huit pour la première fois.

Mais, le temps passait. Jules, sans s'en rendre compte, rêvait d'écrire au lieu de le faire ; il confondait volonté d'écrire, conscience de vouloir le faire avec le travail que cela implique. Et le résultat était assez curieux. Jules sentait que ce rêve était finalement assez agréable et se suffisait à lui-même. Mais la page restait blanche. Et Jules la regardait. Il commençait à la haïr. Son vide accusait, rendait plus évidente encore la rêverie de Jules. Écrire était ce qui l'empêchait de rêver d'écrire. C'était comme si, à travers la feuille blanche, Victor Sorguet le regardait d'un air ironique. Et Jules, pris d'une rage un peu coupable, déchira la feuille blanche et la jeta dans la corbeille à papier. « Trop tard pour ce soir... » Et il alla se coucher.

La nuit, il rêva, qu'armé d'une lance, il terrassait le dragon Victor Sorguet et son heaume était un livre (sans titre). Derrière lui, des jeunes filles aux cheveux tressés en forme d'épis de blé l'encourageaient ; le tout sur un fond musical où dominaient les trompettes. Bon ! Jules Amiguet avait vu trop de films à la Cecil B. De Mille.

Tout cela montre qu'il ne faut pas confondre la volonté d'écrire, le « sentiment d'avoir quelque chose à dire », avec le travail de l'écriture. Il ne faut pas confondre les enjeux de l'écriture, les enjeux affectifs notamment, avec l'acte d'écrire. Il ne faut pas identifier volonté d'écrire et méthode d'écriture. La volonté ne suffit pas.

Il y a toujours un moment où l'on se lasse des rêves. Tel fut le cas de Jules Amiguet. Il s'en revint donc à sa table de travail, se réinstalla dans son projet d'écrire sérieusement. Jules se mit à écrire. Tout marchait bien. Après deux heures, il avait noirci vingt pages. Il était fier. C'est en général à ce moment-là que l'on s'accorde un calvados, une pipe, voire une tranche de gâteau à la courge. Et puis on s'installe et on se relit.

Ce fut une pluie de déceptions. Un raz-de-marée de découragements. C'était mauvais, c'était très mauvais. Ça partait dans tous les sens. Jules attaquait Sorguet, développait ses propres idées, revenait à Sorguet, se répétait. Et puis le style était rocailleux. Jules fut pris d'une rage subite et un peu désespérée. Il balança ses vingt pages à la corbeille, se versa un bon verre de pomme, l'avala, resta les yeux vides, à attendre.

« Je ne suis vraiment pas doué, je ne suis vraiment pas doué, mais comment diable y arrivent-ils, eux ? » Devant ses yeux, défilaient les visages de Félicien Roulleau, de Rachel Palmier, et d'autres qui, du coup, étaient hissés sur le piédestal du génie. « Rien à faire… Il faut un don », se disait Jules Amiguet et il se consolait en estimant que la nature ne lui avait pas tout donné ; il plongeait dans la quiétude amère que donne la certitude qu'on n'est pas doué par la nature, mais, qu'après tout, on n'y peut rien, puisque c'est la nature.

Plusieurs fois, Jules fouilla dans la corbeille à papier, relut ce qu'il avait écrit, pour bien vérifier… « Mais non, c'est mauvais, atrocement mauvais. » Et maintenant, il en rajoutait. Les malheurs dont on n'est pas vraiment sûr sont encore pires que les vrais. Il alla se coucher et, cette nuit-là, il ne rêva pas. Il y a des rêves qu'on n'ose plus faire et Jules, pendant plusieurs jours, abandonna l'idée d'écrire son pamphlet.

Les infortunes de Jules sont la conséquence de plusieurs erreurs de méthode. Constatons d'abord qu'il écrit sans plan. Cela signifie qu'il n'objective pas ni n'organise rationnellement son discours. Dans ces conditions, il se prive de la possibilité d'énoncer une partie de la théorie qu'il veut exposer : celle qui exprime l'articulation existant entre l'ensemble des phénomènes et des faits qu'il veut énoncer. Un plan est beaucoup plus qu'un « truc » pour présenter la matière de l'exposé ; il est une construction théorique. En d'autres termes, c'est la nature des phénomènes que nous exposons qui impose un certain ordre.

En réalité, Jules applique de fait un plan. Même s'il n'en a pas conscience. Il met en œuvre une méthode. Il travaille probablement par associations : telle chose lui « fait penser » à telle ou telle autre chose. Mais on ne sait évidemment pas pourquoi.

En outre, il est probable que Jules confonde « l'acte d'écrire » et le moment de « production de la théorie ». Il est inutile de vouloir écrire avant que la théorie soit établie. Écrire n'est pas essentiellement un acte de création ; c'est surtout la présentation d'une création antérieure.

Posons-nous une question. Jules n'est-il pas piégé par la représentation sociale de « l'écrivain » ; un créateur, au sens où il y aurait identité entre l'écriture et la pensée. Cette idéologie est très répandue et prend la forme d'une « théorie du don ». Certains seraient doués pour écrire et d'autres non. On transpose ici les qualités que l'on prête aux « grands » écrivains de fiction à l'écriture scientifique.

Remarquez encore que Jules, insatisfait de ses essais, les jette dans la corbeille à papier. Le pauvre ! Il se place ainsi dans la situation de devoir recommencer perpétuellement ses tentatives ; Sisyphe de l'écriture, en quelque sorte. Il se prive de la possibilité de découvrir en quoi il se trompe, en quoi son plan est peu clair, etc. En analysant ses premières tentatives, Jules aurait pu identifier les erreurs qu'elles contiennent. Trop souvent, nous nous débarrassons de nos erreurs. Elles pourraient, cependant, nous livrer le secret des moyens permettant de ne pas les commettre. Notons que dans le cas de Jules, une telle tentative resterait une pauvre solution, un sursis, un rattrapage. Un texte ne s'écrit que sur la base d'un travail préalable qui aboutit à un plan de rédaction précis.

L'homme, décidément, est une machine plus solide qu'il n'y paraît. On aurait pu craindre, en effet, qu'après son dernier échec, Jules ne s'avoue vaincu, se réfugie dans la contemplation résignée de son échec, dans la bioénergie, bref, qu'il en prenne son parti. Mais, bon sang ne saurait mentir. Un matin, Jules prit le train pour la ville. Il fallait que les choses soient faites comme elles doivent être faites. Avec lenteur, avec un sentiment de dégustation. Quand on veut écrire, se disait-il, rien ne doit être laissé au hasard. On n'écrit pas n'importe comment. Jules s'en alla flairer les vitrines des papeteries. D'abord, un stylo, mais pas n'importe lequel ! Comment donc une œuvre pourrait-elle sortir d'une pointe Bic ? Et sur du papier de l'Uniprix ? Non ! Respecter l'écriture, c'est aimer ce qui la permet. La plume n'est, finalement, que l'avant-garde de l'âme, son prolongement. Et Jules, hésitant beaucoup, finit par choisir un Paterwaf 1512. Un stylo à double remplissage synchronisé et contrôle automatique du niveau. Un stylo. Non, une bête ardente, prête à bondir contre Victor Sorguet.

Jules s'en revint chez lui, posa l'objet sur sa table, s'assit. L'ambiance de l'écriture... Pourquoi donc écrire le dos contre l'espace, contre les fleurs, l'odeur des prés ? Jules tourna sa table. Il pourrait ainsi contempler le paysage, les champs, les blés, les arbres, tout ce qu'il voulait défendre. La nature, désormais, était là comme un public qui l'encourageait, qui attendait son œuvre. « Je suis le Plastic Bertrand de l'agriculture biologique », se dit Jules Amiguet. Et il se prépara à écrire.

Il étrennait son stylo lorsqu'il remarqua la boîte de punaises sur la table, ouverte, débordante, impertinente. Ça dérange. Et Jules replaça les punaises dans la boîte. Il se remit à son travail. Ce fut pour sentir une étrange oppression du diaphragme, quelques picotements sur la luette. « Mais, j'ai soif ! » Jules s'en alla se servir un grand verre de côtes-du-rhône et, par précaution, prit la bouteille à côté de lui. « Pas mal, ce côtes-du-rhône, mais un peu acide tout de même ! » Jules se servit un second verre. C'est alors qu'il remarqua que la nuit était tombée. Il alla fermer la fenêtre, tira les rideaux, s'assit. Maintenant, il sentait la porte derrière lui. Il se leva, tourna la table face à la porte, se rassit. Enfin installé, il but un dernier verre pour mieux marquer la fin de ces préparatifs. Et il se mit au travail. Sa plume, dans ses doigts, attendait. Lui-même attendait que sa plume se mette en marche. Certains appellent cette situation la « souffrance de l'écrivain ». En fait, Jules souffrait d'autre chose. L'inertie de sa plume, lentement, gagna son bras, son corps, sa tête. Jules comprit qu'il avait trop bu. Il rêva un instant de tout ce que sa plume aurait pu écrire. Puis, il alla se coucher. Demain, attendons demain...

Quelques mots sur ce que l'on peut appeler le mythe des cérémonies de l'écriture. Le comportement de Jules Amiguet n'est pas exceptionnel. Beaucoup accordent une importance très grande au cadre dans lequel ils écrivent, aux objets qu'ils utilisent. Frapper sur un clavier, par exemple, est impossible pour certains. D'autres réclament la nuit, la solitude, un chat, la table du bistrot, de la musique…

Constatons d'abord le fait que Jules attribue à son environnement les qualités de la méthode qui lui manque. C'est, en outre, parce qu'il croit que la qualité du milieu est la condition suffisante pour bien écrire qu'il néglige toutes préoccupations méthodologiques. Bien sûr, le milieu, les objets utilisés ont une importance, mais il faut bien voir le rôle qu'ils jouent.

Le fait d'écrire comporte toujours un enjeu. Par exemple, de l'écriture va dépendre un succès scolaire, professionnel, politique, etc. Plus généralement, écrire c'est affirmer un projet qui va exister devant les yeux des autres, appeler leur jugement. Écrire, c'est aussi parfois un moyen de se faire aimer. Il est donc tout à fait normal que l'on cherche à se rassurer par anticipation sur le jugement d'autrui, voire à s'en protéger. Rêver du texte avant de l'écrire, c'est le moyen d'éviter le risque d'écrire tout en s'accordant des satisfactions… par le rêve.

Tout cela varie d'un individu à l'autre, selon l'enjeu de l'écriture, la personnalité de chacun, etc. Il faut le reconnaître, en tenir compte, mais il faut distinguer, strictement, la méthode utilisée pour réaliser un ouvrage et les stratégies mises en œuvre pour dominer les enjeux de l'écriture. Jules aurait très bien pu se rassurer affectivement avec sa plume Paterwaf 1512 tout en appliquant une méthode rationnelle de production de son livre.

Revenons à notre héros.

Jules n'était pas homme à s'enfoncer dans le désespoir ni à déguster les troubles saveurs de l'échec. Il comprit que sa manière de travailler était l'une des causes majeures de ses hésitations et de ses désillusions : « Je vais tout reprendre à zéro », décida-t-il avec un tranquille optimisme. Il relut un petit ouvrage de méthode que lui avait prêté son ami Bertrand. Quelques jours plus tard, un plan bien ordonné et détaillé était là, sur sa table. Rassuré, il consulta encore quelques traités et dépouilla trois épais dossiers qu'il avait patiemment constitués l'année précédente. Après quelques semaines d'un travail constant et serein, il se sentit prêt pour entreprendre la rédaction de son œuvre. On raconte que le livre de Jules s'arrache dans les librairies et que les articles de Victor Sorguet sont accueillis avec des sourires amusés.

18
SUGGESTIONS POUR L'ÉCRITURE

L'écriture est la peinture de la voix.

Voltaire

Savoir à qui l'on s'adresse, c'est une chose. Encore faut-il savoir comment écrire. Et ce n'est pas un problème facile à résoudre. Nous venons de vivre les affres de Jules Amiguet. S'il existait des règles simples et universelles, elles seraient largement connues. Plusieurs ont déjà fait de multiples expériences d'écriture ; pour d'autres, le mémoire représente une situation nouvelle. Je risque donc quelques suggestions.

1. LA LONGUEUR DES PHRASES

Évitez les phrases trop longues. Elles sont difficiles à manier et à rendre claires. Pourquoi ne pas répéter le sujet ? ou réduire le nombre des propositions subordonnées ?

2. L'UTILISATION DES ABRÉVIATIONS ET DES CODES

Votre lecteur peut légitimement espérer pouvoir comprendre votre texte sans recourir à un dictionnaire des sigles et des abréviations. Je suggère d'éliminer ceux-ci dans toute la mesure du possible. Ne conservez que les sigles largement connus (par exemple, ONU) ou ceux qui reviennent à de très nombreuses reprises dans votre mémoire. J'ai lu récemment la phrase suivante : « Les ET et les TA mettent en place une commission au sein de l'ASE, pour analyser les propositions formulées par la CR. » Traduction : « Les ergothérapeutes et les thérapeutes d'animation mettent en place une commission, au sein de l'Association suisse des ergothérapeutes, pour analyser la proposition formulée par la Croix-Rouge. » Malheur à ceux qui ne font pas partie des initiés capables de faire la traduction simultanée.

3. LE SENS DU PARAGRAPHE

Il est toujours plus aisé de lire un document riche en paragraphes et en sous-titres ; surtout lorsqu'il traite de questions techniques. Allez souvent à la ligne, vous aiderez ainsi le lecteur à comprendre les articulations de votre texte.

En revanche, évitez la prolifération des énumérations ou des séries d'énumérations qui se succèdent dans un même chapitre. On s'y perd. Votre texte doit être rédigé, en principe, avec des phrases complètes. C'est essentiel. Les phrases complètes permettent d'exprimer entièrement votre pensée ; la multiplication des membres de phrases incomplets est un moyen de ne pas prendre position.

4. LA DÉFINITION DES TERMES UTILISÉS

La définition des termes clés utilisés dans votre étude est d'autant plus nécessaire que vous souhaitez atteindre un public large et diversifié. Vous pouvez placer ces définitions dans le corps du texte ou, le cas échéant, en note. Dans la mesure où vous savez que la signification de certains termes fait l'objet de débats, il vous incombe de faire la chasse aux sources de malentendus. Un test : demandez à un ami de lire le premier chapitre que vous avez rédigé.

5. LA PAGE BLANCHE

Votre plan de rédaction est bien fait, explicite et détaillé. Vous avez soigneusement inscrit le titre d'un paragraphe au sommet d'une page blanche. Il vous semble que vous savez ce que vous allez écrire. Mais, rien ne vient. Dix minutes déjà. Permettez une suggestion. Vous prenez une autre feuille blanche, vous écrivez dans le désordre tout ce qui vous vient à l'esprit et vous relisez ces phrases en tentant de les ordonner. Et vous reprenez votre première page. Souvent, le déclic se produit.

6. L'UTILISATION DE LA PONCTUATION

Beaucoup estiment que la ponctuation, c'est la respiration de la phrase ; un élément de clarté qui permet de saisir l'ordre, la liaison, les rapports des idées. Elle serait l'art d'indiquer dans le discours écrit, par le moyen de signes conventionnels, soit les pauses à faire dans la lecture, soit certaines modifications mélodiques du débit, soit encore certains changements de registre dans la voix.

En fait, l'usage laisse une certaine latitude dans l'emploi des signes de ponctuation. Certains multiplient les virgules et les points-virgules, les deux-points ; d'autres n'en usent qu'avec modération. On sait qu'Aragon refusait la ponctuation quand il affirmait : « Tout le monde a essayé de me la faire remettre ! Mais j'ai lassé mon monde, et maintenant c'est une affaire réglée. »

Le mémoire étant un genre particulier, il semble bien qu'un bon usage de la ponctuation puisse en faciliter la lecture et la compréhension. C'est la raison pour laquelle j'ai tenu à indiquer plus loin les règles élémentaires de la ponctuation. Pour plus de détails, consultez les grands dictionnaires ou la grammaire Grévisse.

7. L'UNITÉ DE STYLE

C'est un objectif vers lequel il faut tendre. Or, la rédaction du mémoire constitue pour beaucoup la première longue activité d'écriture à laquelle ils s'adonnent. Il est donc probable et

85

normal que se dessine une différence de style entre les premiers chapitres rédigés et les suivants. C'est un état de faits qui peut, voire doit être corrigé ; en particulier, en procédant à une révision des premiers chapitres. Une harmonisation de l'expression peut également s'imposer en ce qui concerne l'utilisation des temps (l'imparfait, le présent, etc.) ou la longueur des phrases.

8. EN CAS DE BLOCAGE

Les blocages, ça existe. Avant d'appeler au secours, essayez quelques solutions simples :
- vous relisez le plan général et le chapitre que vous venez d'écrire ;
- vous faites une petite pause et vous tentez de vous exprimer librement et par écrit sur le thème du paragraphe qui vous paraît insurmontable ;
- vous passez à un autre paragraphe, voire à un autre chapitre ;
- vous vous adonnez à quelques tâches simples (numérotation des pages, vérification des citations, classement des documents, etc.) ;
- et il y a, sans doute, d'autres recettes.

N'oubliez pas qu'un ami ou votre directeur de mémoire peuvent vous aider.

Il y aurait évidemment beaucoup d'autres problèmes à aborder. Si l'écriture doit être la plus claire possible, elle ne doit pas devenir une obsession. La lecture attentive d'un bon livre peut être un stimulant précieux. Faites un essai. Et puis, l'écriture des premières pages est le plus souvent pénible ; c'est normal. N'oubliez pas que bientôt votre plume va se délier et se révéler beaucoup plus docile.

9. LES RÈGLES DE PONCTUATION [1]

Définition

La ponctuation est l'ensemble des signes qui, dans l'écriture, servent à marquer les séparations entre les différentes phrases

---

1. Extraites du *Dictionnaire Quillet*.

d'un texte, entre les parties principales de chaque phrase et, par conséquent, les pauses et arrêts indispensables au lecteur. C'est un des éléments des procédés de présentation graphique de la phrase phonétique. Elle correspond à des modulations, à des arrêts, à des suspensions de la voix, par suite aux différentes nuances de la pensée. Selon les cas, elle sépare ou elle unit les éléments de la phrase.

La ponctuation est la forme la plus importante de l'orthographe. Un texte mal ponctué est difficile, sinon impossible, à lire et même à comprendre, car il peut prêter à des erreurs d'interprétation. Cependant, la ponctuation est, dans une certaine mesure, personnelle et varie selon les auteurs, au moins dans ses détails secondaires (dans ce cas, elle unit les éléments ainsi isolés plutôt qu'elle ne les sépare).

Emploi des signes de ponctuation

▪ Le point

Il sert à indiquer que la phrase est achevée, que le sens en est complet.

▪ La virgule

Elle marque une séparation faible. Elle sépare :
- les propositions juxtaposées d'une même phrase :
  « *Colomba, sans répondre, serra le mezzalo autour de sa tête, appela le chien de garde et sortit suivie de son frère.* » (Mérimée) ;
- les propositions subordonnées de la principale :
  « *Quand je vis l'Acropole, j'eus la révélation du divin.* » (Renan) ;
- les différents termes de toute énumération, noms, adjectifs, verbes et adverbes :
  « *Femmes, moines, vieillards, tout était descendu.* » (La Fontaine) ;
- les mots en apostrophe, les propositions incises, les membres de phrase purement explicatifs :
  « *Tremble, m'a-t-elle dit, fille digne de moi !* » (Racine) ;

– tous les détails d'une même description, d'un même groupe de faits ; toutes les nuances d'une même pensée, additions, restrictions, etc. :

« *C'était un beau garçon, la tête régulière, le front haut, barbiche et moustache d'un noir brillant sur ce teint basané, un de ces fiers paysans de la vallée du Rhône, qui n'ont rien de l'humilité finaude des villageois du Centre.* » (Alphonse Daudet) ;

– un sujet d'un complément quand le verbe est sous-entendu :

« *Antoine livra ses partisans, et Octave, les siens.* »

▪ Le point-virgule

Il est une ponctuation plus faible que le point, mais plus forte que la virgule. Il sépare des expressions, différentes ou voisines, de la même idée ou des idées connexes :

« *Un seul genre de vie intéresse au XVIIe siècle, la vie de salon ; on n'en admet pas d'autres ; on ne peint que celle-là.* » (Taine)

▪ Les deux-points

Ils servent à annoncer :

– une citation, un discours :

« *Le monarque lui dit : "Chétif hôte des bois…"* » (La Fontaine) ;

– une explication, une énumération, une preuve, un exemple :

« *Batailles : Austerlitz, Eylau, Somno-Sierra, Eckmühl, Essling, Wagram, Smolensk, et cœtera ! Faits d'armes : trente-deux, blessures : quelques-unes…* » (Éd. Rostand)

▪ Le point d'interrogation

Il se place à la fin des phrases interrogatives :

« *Que faisiez-vous au temps chaud ?*
Dit-elle à cette emprunteuse. » (La Fontaine)

▪ Le point d'exclamation

Il se place après les interjections, en général, et à la fin des phrases exclamatives :

« Comment ! des animaux qui tremblent devant moi !
Je suis donc un foudre de guerre ! » (La Fontaine)

- **Les points de suspension**

Ils se placent après le dernier mot exprimé d'une phrase volontairement inachevée :
« Je devrais sur l'autel où ta main sacrifie
Te… Mais du prix qu'on m'offre, il me faut contenter.
Si je ne me retenais, je vous… » (Racine)

- **Le trait d'union**

Il n'est pas, à proprement parler, un signe de ponctuation : c'est la marque d'un rattachement plus intime entre deux ou plusieurs mots. Il s'emploie, en principe :
- pour réunir les éléments des noms et des adjectifs composés :
  Timbre-poste ; porte-monnaie ; gallo-romain ; anglo-saxon ; rez-de-chaussée ;
- pour joindre deux noms placés en apposition :
  Radical-socialiste ; wagon-salon ;
- dans les nombres composés inférieurs à cent :
  quarante-quatre, quatre-vingt-quatorze ;
- avec contre et entre joints à un autre mot :
  contre-attaque ; s'entre-tuer ;
- avec même précédé d'un pronom :
  toi-même, nous-mêmes ;
- avec ci et là :
  celui-ci ; celle-là ; ces pays-là ;
- entre les verbes marquant interrogation ou concession et le pronom sujet placé derrière :
  Viendrez-vous ? Dussé-je y périr ? ;
- avec le t euphonique placé entre le verbe et le pronom sujet inversé :
  Viendra-t-il ? Parle-t-il ?

Dans ce cas, il y a double trait d'union, avant et après le *t* euphonique ;
- avec *en* et *y* placés derrière un verbe :
Parlons-en ; allez-y ;
- dans certaines autres locutions, telles que *peut-être* ;
- à la fin d'une ligne d'écriture ou d'imprimerie, pour marquer que le dernier mot, coupé à cette ligne, est incomplet et sera terminé au début de la ligne suivante.

■ Les parenthèses

Elles consistent en deux signes entre lesquels on place un membre de phrase explicatif (appelé parenthèse) qui se détache nettement du reste du texte.

■ Les crochets

Ils sont une sorte de parenthèses en lignes droites.

■ Le tiret

Il s'emploie :
- pour séparer les propos de deux interlocuteurs (tirets de dialogue) :
« *Qu'est-ce là ? lui dit-il. — Rien. — Quoi ? rien ? — Peu de chose.*
— Mais encore ? — Le collier dont je suis attaché
De ce que vous voyez est peut-être la cause. » (La Fontaine)
- pour détacher une explication, une remarque, un détail sur lesquels l'auteur veut attirer spécialement l'attention :
« *Les armes à feu – prenez-y garde – ne doivent jamais rester à la portée des enfants.* »

■ Les guillemets

Ils sont deux paires de petits crochets qui encadrent une citation ; souvent, on rouvre les guillemets au commencement de chaque ligne de la citation ;

« *Le renard s'en saisit, et dit : "Mon bon monsieur*
"Apprenez que tout flatteur
"Vit aux dépens de celui qui l'écoute.
"Cette leçon vaut bien un fromage, sans doute." »
(La Fontaine)

19

POURQUOI ET COMMENT FAIRE DES CITATIONS ?

Certains auteurs, parlant de leurs ouvrages, disent : mon livre, mon commentaire, mon histoire... ils feraient mieux de dire : notre livre, notre commentaire, notre histoire, vu que d'ordinaire il y a plus en cela du bien d'autrui que du leur.

Pascal

1. POURQUOI CITER ?

La plupart des mémoires contiennent des citations d'ouvrages et de documents. Celles-ci peuvent être classées en deux types :
– des textes qui feront l'objet d'une interprétation ou d'une analyse critique ;
– des textes qui sont appelés à soutenir un point de vue, confirmer, voire prouver une affirmation.

Faut-il citer avec abondance ou parcimonie ? Tout dépend du type de mémoire que vous réalisez. Lorsque l'analyse critique y occupe une bonne place, les auteurs et les personnages mis en cause ont droit à la parole et peuvent être cités plus longuement. Parfois, cependant, l'abus des citations est signe de paresse. L'étudiant ne se donne pas la peine de pratiquer la synthèse et délègue cette tâche au lecteur. Ils sont rares, il est vrai, ceux qui acceptent de « se taper » ces chapelets de citations.

2. CITATIONS, PARAPHRASE ET PLAGIAT

Un *exemple*. Dans toute la phase de préparation de votre mémoire, vous avez lu avec soin l'ouvrage de Michel Foucault : *Surveiller et punir*. Vous avez été fort intéressé par les thèses qu'il propose pour expliquer le système carcéral. Vous avez pris de nombreuses notes. Vous rédigez dans votre langage un paragraphe qui résume ses thèses, vous avez paraphrasé le texte de Foucault. C'est tout à fait légitime, dans la mesure où vous indiquez votre source en note.

En revanche, si vous recopiez des phrases entières de Michel Foucault, sans utiliser des guillemets ni le citer en note, vous avez commis un plagiat. Peu recommandable. Utilisons largement les travaux d'autrui, ils sont publiés pour être connus et exploités, mais rendons à César…

Il est parfois difficile de distinguer ce qui est plagiat de ce qui est paraphrase. N'en faisons pas une maladie et ne tombons pas dans la casuistique. Deux principes simples : informer nos lecteurs sur nos sources, utiliser les guillemets et les notes avec précision.

La citation, définissons-la, c'est la reproduction d'un texte écrit par un auteur, qui lui est explicitement attribué avec indication de la source, au moyen des guillemets et de la note.

3. HUIT RÈGLES POUR UTILISER LES CITATIONS

Et maintenant, quelques règles pratiques pour un bon usage des citations :
- les textes qui font l'objet d'une analyse critique doivent être cités assez largement ;
- les textes qui ont une fonction critique doivent être cités quand ils font véritablement autorité ou qu'ils confirment explicitement votre position ;

- lorsque vous citez un texte, le lecteur peut raisonnablement penser que vous partagez les idées qu'il exprime, sauf si vous le dites explicitement (ou que votre ton ironique…) ;
- pour chaque citation, il convient de préciser l'auteur et l'œuvre d'où elle a été tirée, ainsi que le lieu et l'année de la publication[1] ;
- dans certains mémoires très spécialisés et sur des questions très techniques, il est important de citer l'auteur dans l'édition et la langue originale. D'une manière générale, cependant, il est préférable de conserver l'unité de langue et de citer l'édition que vous avez lue. Si votre citation est en langue étrangère, vous devez en proposer une traduction en note de bas de page ;
- quand une citation est courte (quelques lignes), on l'insère dans le texte avec des guillemets. Quand elle est plus longue, il est recommandé de la « rentrer » en laissant une marge un peu plus importante à gauche ou en utilisant un caractère italique ;
- les citations doivent être reproduites avec fidélité. Évitez de les « corriger », d'en modifier la ponctuation[2] ou de souligner certains termes[3]. Si vous souhaitez éliminer des mots ou des phrases au milieu d'une citation, remplacez-les par le signe : […][4] ;
- les références des textes que vous citez doivent être exactes. Votre lecteur doit pouvoir retrouver facilement l'ouvrage et la page dont vous extrayez la citation retenue.

---

1. Cela peut se faire par une note complète lorsqu'il s'agit de la première citation ou une note abrégée si l'ouvrage a déjà été cité (voir à ce sujet le chapitre 20).
2. Si vous avez relevé une faute de syntaxe, reproduisez-là et ajoutez « sic » entre parenthèses.
3. Il est possible de le faire, mais il faut le préciser dans une note.
4. Il existe à ce sujet des règles encore plus fines, nous omettons de les signaler ici. Le lecteur pointilleux peut se reporter au code typographique.

20

L'UTILISATION DES NOTES

La nature est un livre où la vérité se trouve toujours
dans la note et jamais dans le texte.
Chateaubriand

V os lectures vous ont permis de constater que les notes sont largement utilisées dans les ouvrages. Vous aurez également observé que les pratiques sont diverses, parfois compliquées. Essayons de mettre en évidence l'essentiel.

1. LES TYPES DE NOTES

À plusieurs reprises, j'ai parlé des notes, en particulier au chapitre précédent quand il s'agissait de préciser l'utilisation des citations. Dans un mémoire, les notes permettent d'alléger le texte en fournissant un ensemble d'indications techniques ou de développements susceptibles d'enrichir la précision générale de l'étude. Réglons d'abord deux problèmes pratiques.

Où placer les notes ?

Vous aurez constaté qu'il existe en général trois solutions : les notes en pied de page, les notes regroupées à la fin de chaque chapitre, les notes regroupées à la fin de l'ouvrage. Ce sont le plus souvent des raisons d'économie qui dictent le choix des deux dernières solutions. Je plaide pour les notes que l'on place en pied de page ; elles risquent d'être lues… Commentant, dans le journal *Le Monde*, un petit ouvrage publié par les éditions Réalités sociales et dont les notes étaient regroupées en fin de chapitre, Alfred Sauvy lançait sèchement : « Notes malheureusement sacrifiées. » Il avait raison.

Les systèmes de renvoi

Souvent, les textes sont parsemés de signes qui renvoient à des notes. Tantôt il s'agit de chiffres, parfois de lettres ou encore d'étoiles. Il me paraît que le système des chiffres est le plus simple et le plus opportun. Et je n'ai rien contre les étoiles.

2. À QUOI SERVENT LES NOTES ?

Sauf exagération, les notes sont utiles ; elles peuvent remplir plusieurs fonctions.

- Indiquer les *sources* des citations (voir le chapitre 19).
- Fournir des *indications bibliographiques complémentaires*. À l'appui d'une affirmation, vous disposez de plusieurs autres textes qui vont dans le même sens, mais vous souhaitez être brefs. Vous pouvez en donner les références dans une note.
- Effectuer des *renvois externes*. Vous analysez un problème et vous souhaitez signaler à vos lecteurs l'existence d'un texte qui traite de la même question ; vous l'indiquez en note avec la mention « cf. ».
- Effectuer des *renvois internes*. Vous avez déjà traité une question dans une autre partie du mémoire. Vous le signalez en note. (Exemple : « voir le chapitre *x*, page *nn* ».)
- Introduire une *citation de renforcement*. Pour alléger le texte, vous placez en note une citation qui contribue à asseoir votre argumentation.

- *Développer une affirmation.* Vous écrivez l'essentiel dans le corps du texte et vous ajoutez en note des détails ou des explications complémentaires.
- *Nuancer une affirmation.* Il vous reste quelques doutes. Indiquez-le en note.
- Donner des *indications sur une traduction.* Exemple : vous avez traduit un texte officiel, vous précisez en note : « traduit par nous ».
- *Payer ses dettes.* Pour la rédaction d'un chapitre, vous avez largement bénéficié de l'aide et des suggestions d'un collègue ; une note vous permet de l'indiquer et de le remercier.
- *Ajouter* des considérations personnelles.

Cette liste n'est sans doute pas exhaustive.

3. LE SYSTÈME « CITATIONS-NOTES »

Vous constaterez que les notes servent le plus souvent à donner les références des ouvrages que vous citez. À la clé, une préoccupation : renseigner précisément le lecteur sur les sources que vous utilisez. À cet effet, deux systèmes sont le plus souvent utilisés actuellement : le système « citations-notes » et le système « auteurs-dates ». Parlons d'abord du premier. À mon avis, c'est le plus clair et le moins lourd. *Comment faire ?* Quand vous citez un auteur dans le corps du texte, vous placez un signe, de préférence un chiffre, avant la fermeture du guillemet ; ce signe renvoie à une note au pied de la page. Voici un exemple de cette manière de procéder.

Exemple du système « citations-notes »

▪ Le texte

Nous avons évoqué plusieurs problèmes importants. Le premier concerne l'étude de la notion de normalité et, en particulier, de son indépendance par rapport à la notion de structure[1]. Le second a trait à la question spécifique de la psychose infantile, sur laquelle Claudine et Pierre

Geissmann ont publié un traité très fouillé[2]. Pour tenter de comprendre les formes récentes de l'innovation thérapeutique, nous avons choisi d'analyser un texte consacré à la psychiatrie de secteur[3]. Enfin, nous avons estimé utile, dans un monde « qui n'a jamais été aussi rationalisé[4] », de consacrer plusieurs heures à l'approfondissement de quelques thèmes philosophiques pertinents pour notre champ d'activité[5].

▪ Notes correspondantes au pied de la page

1. J. Bergeret, *La personnalité normale et pathologique*, Dunod, Paris, 1974.

2. C. et P. Geissmann, *L'enfant et sa psychose*, Dunod, Paris, 1984.

3. L. Bonnafé, « La psychiatrie de secteur », *Informations psychiatriques*, vol. 54, n° 8, 1978, p. 875-886.

4. D. Janicaud, *La puissance du rationnel*, Gallimard, Paris, 1985, p. 12.

5. Essentiellement les institutions psychiatriques.

▪ Bibliographie correspondante à la fin de l'ouvrage

Bergeret Jean, *La personnalité normale et pathologique*, Dunod, Paris, 1974.

Geissmann Claudine et Pierre, *L'enfant et sa psychose*, Dunod, Paris, 1984.

Bonnafé Louis, « La psychiatrie de secteur », *Informations psychiatriques*, vol. 54. n° 8, 1978, p. 875-886.

Janicaud Dominique, *La puissance du rationnel*, Gallimard, Paris, 1985, p. 12.

(Les principes de base pour la présentation de la bibliographie sont exposés au chapitre 21.)

4. LE SYSTÈME « AUTEURS-DATES »

Certains considèrent que le système « citations-notes » a un grave défaut. Il serait plus pesant, puisqu'il conduit à des doublets : un même ouvrage est décrit en détail en note et dans la bibliographie générale à la fin du mémoire. Gaspillage d'espace, d'énergie ? Les Anglo-Saxons ont rationalisé tout cela ; ils pratiquent le système « auteurs-dates ». Une partie de l'Europe continentale suit. De quoi s'agit-il ? Dans le corps du texte, à la fin d'une citation, on indique entre parenthèses : le nom de l'auteur, la date de parution de son ouvrage, éventuelle-ment une lettre *a*, *b*, *c*, lorsque l'on cite plusieurs textes du même auteur parus la même année, et enfin la page. Dans ce cas, la bibliographie est construite d'une manière correspondante ; l'exemple ci-après illustre ce système. J'avoue être peu attiré par cette manière de faire. Mais attention ! De nombreuses revues l'imposent, et des meilleures.

Exemple du système « auteurs-dates »

■ Le texte

Nous avons évoqué plusieurs problèmes importants. Le premier concerne l'étude de la notion de normalité et, en particulier, de son indépendance par rapport à la notion de structure (Bergeret, 1974). Le second a trait à la question spécifique de la psychose infantile, sur laquelle Claudine et Pierre Geissmann ont publié un traité très fouillé (Geissmann, 1984). Pour tenter de comprendre les formes récentes de l'innovation thérapeutique, nous avons choisi d'analyser un texte consacré à la psychiatrie de secteur (Bonnafé, 1978). Enfin, nous avons estimé utile, dans un monde « qui n'a jamais été aussi rationalisé » (Janicaud, 1985, p. 12.) de consacrer plusieurs heures à l'approfondissement de quelques thèmes philosophiques pertinents pour notre champ d'activité[1].

■ Note correspondante au pied de la page

1. Essentiellement les institutions psychiatriques.

■ Bibliographie correspondante à la fin de l'ouvrage

Bergeret Jean (1974) : *La personnalité normale et pathologique*, Dunod, Paris.

Geissmann Claudine et Pierre (1984) : *L'enfant et sa psychose*, Dunod, Paris.

Bonnafé Louis (1978) : « La psychiatrie de secteur », *Informations psychiatriques*, vol. 54, n° 8, p. 875-886.

Janicaud Dominique (1985) : *La puissance du rationnel*, Gallimard, Paris, p. 12.

5. DEUX OBSERVATIONS

Je termine ce chapitre par deux observations qui ne sont peut-être pas infondées :

– ne fournissez pas de références pour des notions que tout le monde connaît (ou presque). Inutile de faire appel à un auteur pour rappeler que Paris est la capitale de la France ou que Jules César a conquis la Gaulle. N'attribuez pas à un auteur une idée que lui-même présente comme l'idée d'un autre. Marx cite souvent Ricardo, avec précision. Attention aux confusions.

– quand vous faites une citation « de seconde main », dites-le en note. Exemple : « Cité par Régine Pernoud, *La femme au temps des cathédrales*, Stock, Paris, 1980, p. 183. »

21
QU'EST-CE QUE LA BIBLIOGRAPHIE ?

Enfin, tant que nous aurons des livres, nous ne nous pendrons pas.

Mme de Sévigné

1. QU'EST-CE QUE LA BIBLIOGRAPHIE ?

Vous avez rédigé un mémoire en vous inspirant de plusieurs livres, articles et travaux. Pour que votre étude soit vérifiable, mais *aussi* pour permettre à vos lecteurs d'aller plus loin, il est utile d'indiquer vos sources et de désigner la littérature qui éclaire votre sujet. Il importe de le faire sous une forme claire et explicite en vue de faciliter la recherche des documents. Cela dit, il y a plusieurs manières de procéder. Mais d'abord, que contient la bibliographie ?

- Tous les documents publiés[1] que vous avez cités dans votre mémoire.

- Des études non citées par vous qui concernent directement une dimension de votre mémoire.

- Des études d'intérêt général qui ont marqué la réflexion dans votre champ d'analyse ; mais, attention, n'exagérez pas. N'indiquez pas tous les classiques. Ne retenez que les travaux que vous avez lus ou au moins feuilletés ou consultés.

---

1. Livres, articles de revues, dossiers, rapports, textes de lois, etc.

2. OÙ PLACER LA BIBLIOGRAPHIE ?

Tout dépend de son ampleur. Si elle comporte moins de vingt titres (toutes catégories confondues), placez-la à la fin du mémoire. Vous pouvez également retenir cette solution pour une bibliographie plus fournie. Certains auteurs font un autre choix. À la fin de chaque chapitre, ils établissent la bibliographie correspondant au thème qui y est traité[1] et placent la bibliographie générale à la fin de l'ouvrage. Dans tous les cas, la clarté et la cohérence sont les règles de base.

3. L'ORGANISATION DE LA BIBLIOGRAPHIE

Dès que la bibliographie a atteint une certaine ampleur, on peut légitimement se poser le problème de son organisation. Voyons quelques solutions possibles.

▪ Le classement par ordre alphabétique d'auteurs

Tous les textes sont rassemblés en une liste unique. L'ordre alphabétique permet de repérer un auteur lorsqu'on le connaît. Dans ce cas, les contenus des textes ne constituent pas un critère de classification.

▪ Le classement par catégories de documents

Certains choisissent de distribuer leur bibliographie en fonction des caractéristiques formelles des textes (exemple : livres, articles, rapports, textes de lois, etc.). Cette solution peut présenter un intérêt, surtout pour les travaux relativement techniques.

▪ Le classement par thèmes

On définit un certain nombre de thèmes centraux qui deviennent principes d'organisation de l'ensemble des références. Dans

---

1. Dans certains cas, en particulier dans le domaine juridique, cette bibliographie est placée en tête du chapitre.

ce cas, la bibliographie commence généralement par une catégorie intitulée : « Ouvrages généraux ».

Au sein de chaque thème, les ouvrages sont distribués par ordre alphabétique. Dès qu'une bibliographie comporte plus de trente documents, cette solution me paraît être la plus pertinente et la plus éclairante pour le lecteur.

N'oubliez pas que la bibliographie est souvent le premier élément qui retient l'attention de vos lecteurs. C'est là qu'ils peuvent aussi repérer vos premières erreurs. Et, déjà, des jugements s'amorcent.

4. PRINCIPES DE BASE POUR LA PRÉSENTATION

D'une manière générale, vous pouvez vous référer à trois modèles de base.

• **Pour un ouvrage**

NOM Prénom, Titre de l'ouvrage [1], Éditeur, Lieu de publication, Année de publication.

• **Pour un article de périodique**

NOM Prénom, « Titre de l'article », Nom du périodique, date exacte et numéro du volume, Éditeur, pages de début et de fin d'article.

• **Pour un article publié dans un ouvrage collectif**

NOM Prénom, « Titre de l'article », Nom de l'ouvrage collectif (Encyclopédie, Actes de congrès), Éditeur, Lieu de publication, année de publication, pages de début et de fin de l'article.

---

1. Si vous disposez des moyens techniques qui le permettent, remplacez le soulignement par l'italique (voir le chapitre 20).

22

LA MISE AU POINT DU MANUSCRIT

Le moment est arrivé de vaincre ou de périr.
Napoléon Bonaparte

La fin approche.

1. QU'EST-CE QUE LA MISE AU POINT DU MANUSCRIT ?

Lorsque la rédaction est achevée (ou presque), des sensations agréables invitent à la célébration ; on s'offre une escapade ; on débouche une bouteille de champagne. En fait, il reste à réaliser la mise au point du manuscrit. Et ce n'est pas une mince affaire. Une foule de petits détails doivent être modifiés, éliminés, précisés... C'est un travail qui peut être long, très long, si l'on ne procède pas de façon à peu près systématique. Ce chapitre voudrait donner quelques indications pour faciliter et abréger cette dernière étape de la rédaction.

2. QUAND EFFECTUER CETTE MISE AU POINT ?

J'indiquais plus haut (chapitre 7) combien il est important de s'efforcer de « faire du définitif » à tous les stades d'élaboration du mémoire, particulièrement dans ses aspects techniques. Cela dit, il vient un moment où tous les chapitres sont rédigés, y compris l'introduction et la conclusion. Vous vous trouvez en face d'un bloc de feuilles numérotées, il s'agit de le transformer en un document communicable et, le plus possible, exempt d'erreurs. Je suggère de ne réaliser la mise au point du manuscrit que lorsque tout est rédigé. Concrètement, il faut revoir l'ensemble du document et combler tous les « trous ». Vous évitez ainsi de devoir vous y reprendre à plusieurs reprises.

Une remarque importante : pour beaucoup, la rédaction du mémoire est la première entreprise de composition d'une certaine envergure. Dans ces conditions, il est possible, en tout cas plausible, que certains chapitres leur paraissent « mauvais », mal organisés, inacceptables... Une deuxième rédaction peut s'imposer. C'est normal. Faites-la tout de suite, la mise au point du manuscrit suivra.

3. TITRES ET SOUS-TITRES

Pendant la rédaction, vous avez choisi un nombre important de titres et de sous-titres. Parfois, vous les avez retenus en fonction de préoccupations sectorielles, parfois pour exprimer une émotion. Comment les jugez-vous lorsque vous considérez la totalité de l'œuvre ? présentent-ils vraiment à la fois le contenu de chacune des parties et l'organisation globale du mémoire ? trop elliptiques ? trop longs ? incompréhensibles ? inadéquats ? inutilement provocateurs ? trop lourds ? Bref, une mise au point peut s'imposer. C'est aussi à ce stade que l'on peut se demander si certains paragraphes ne sont pas décidément trop longs et s'il conviendrait de les rendre plus accessibles par l'introduction de sous-titres.

4. L'ILLUSTRATION DU MÉMOIRE

Si les mémoires ont longtemps présenté des visages austères, c'est sans doute parce que les moyens techniques permettant d'y insérer des illustrations étaient peu accessibles. À l'âge de la photo, de la photocopie avec système de réduction et des programmes informatiques de construction de graphiques et de gestion d'images, il devient possible, voire souhaitable, d'illustrer votre texte. Relisez votre manuscrit en vous interrogeant sur la possibilité d'y insérer des cartes, des dessins au trait, des figures ou de remplacer un tableau de chiffres par un graphique plus évocateur. Un certain nombre de précautions s'imposent :

– préparer une légende pour les cartes, les dessins et les photos ;
– vous assurer l'autorisation de reproduire lorsque les droits sont réservés ;
– bien choisir l'insertion de votre illustration dans le texte, il est souvent opportun de l'évoquer pour informer le lecteur.

À l'ère du CD-ROM, du scanner et des programmes informatiques de traitement de l'image, la gamme des possibilités offertes devient de plus en plus large. Et si vous entrez dans l'univers d'Internet, votre effort principal consistera à choisir et à bien choisir.

5. LA PRÉSENTATION DES TABLEAUX ET DES GRAPHIQUES

Le texte doit être principalement réservé au développement de votre démonstration. Vous éviterez donc de noyer le lecteur sous une trombe d'énumérations quantitatives ou chiffrées. Complétez votre texte par un tableau ou un graphique. Une remarque à ce propos : certains tableaux de chiffres sont si imposants qu'il vaut mieux les renvoyer en annexe et les remplacer dans le texte par un graphique ou une figure qui mette en évidence les points significatifs de l'information que vous souhaitez apporter.

La mise au point des tableaux et des figures n'est pas aisée, il faut prendre en considération un ensemble de détails qui les rendent lisibles et clairs. Il serait trop long d'aborder tous ces problèmes techniques dans ce chapitre. Reportez-vous à des ouvrages que vous avez consultés et faites-vous conseiller par votre directeur de mémoire.

Je suggère cependant que vous vous posiez les questions suivantes :
- les tableaux et les figures sont-ils numérotés ?
- le titre de chacun d'entre eux est-il complet et explicite ?
- l'indication de la source est-elle suffisante et précise ?
- par quels moyens le tableau va-t-il être reproduit ?
- convient-il de présenter une liste des tableaux et des figures à la fin de l'ouvrage ?

6. LES ANNEXES

En rédigeant votre mémoire, vous avez dû faire des choix : « Faut-il vraiment résumer ce document ?... il est si intéressant ! », « Le texte de cet entretien mériterait d'être lu intégralement », « Ces deux tableaux sont tout à fait éclairants », « Cet organigramme et ces statuts sont essentiels pour comprendre cette institution ». Mais vous avez renoncé à placer ces documents dans le texte pour lui garder légèreté, fluidité et un certain équilibre. Voilà des documents qui sont candidats à devenir des annexes. Quelques suggestions :
- l'ampleur des annexes est fonction de leur contenu et du type de mémoire que vous réalisez. Mais n'exagérez pas, sinon elles ne seront ni lues ni consultées ;
- efforcez-vous de rendre leur présentation explicite (numérotation, titre, indications dans la table des matières).

7. L'EMBALLAGE DU MÉMOIRE

La lecture de livres et de mémoires vous aura permis de constater que le corps du texte est généralement précédé par un certain nombre de pages d'introduction ; en particulier : la page-titre, les remerciements, éventuellement un avant-propos. Vous devez mettre au point cet « emballage ». En ce qui concerne les remerciements, c'est souvent une tâche fort agréable. Authenticité et discrétion sont des clés pour la rédaction de ces textes. Et puis, quels que soient leurs mérites, ne lancez pas trop de fleurs à ceux qui n'ont fait que leur devoir professionnel.

8. LES NORMES INSTITUTIONNELLES

La plupart des institutions de formation édictent des règlements pour la réalisation des mémoires. On y trouve fréquemment des normes concernant ces premières pages. Ne les oubliez pas !

9. LA PAGINATION ET LES RENVOIS

À ce stade, il est possible de procéder à la pagination définitive du document. De préférence, on utilisera une numérotation en chiffres arabes, de la première à la dernière page. (Vous observerez quelquefois d'autres pratiques dans les livres publiés, mais c'est une autre affaire.) La question des renvois vous causera plus de tourments.

Exemple : une note formulée ainsi : « Pour plus de détails, voir le chapitre 4, page 69. » Un tel renvoi ne peut être mis au point qu'après la pagination définitive. Il m'arrive de souligner de manière très lisible ces chiffres piégés pour mieux les repérer lors de la relecture. Les versions récentes des logiciels de traitement de textes proposent généralement des solutions pour traiter ce problème.

10. LA TABLE DES MATIÈRES

Elle mérite du soin. C'est une partie de votre document qui sera lue et consultée de manière toute particulière. Elle comprend la liste des titres de chapitres et des titres de sections de chapitres, numérotés avec l'indication de la page. Sa fonction est essentielle : donner au lecteur une vision d'ensemble du contenu de l'ouvrage et lui permettre de retrouver rapidement la partie qui l'intéresse. C'est dans cette perspective qu'il faut la construire. À vous de juger. Si vous avez découpé vos chapitres en un nombre important de sections et de sous-sections, vous pouvez renoncer à indiquer toutes celles-ci dans la table des matières. Par exemple, dans ce livre, qui contient plus de vingt chapitres, j'ai renoncé à indiquer systématiquement les sous-sections des chapitres dans la table des matières. Où placer la table des matières ? Au début ou à la fin du mémoire ? Nous sommes quelques-uns à préférer la trouver à la fin. C'est une tradition dans les pays francophones. Le monde anglo-saxon choisit de la placer au début. Cette norme gagne du terrain.

11. LA RELECTURE DU MANUSCRIT

Lorsque toutes ces tâches sont accomplies, une relecture de l'ensemble du manuscrit s'impose. Plutôt deux fois qu'une. C'est une activité complexe qui demande beaucoup de concentration. Il vaut mieux la faire dans un moment de bonne forme et la réaliser sur un court laps de temps. En effet, pour des raisons que l'on devine aisément, relire c'est « avoir presque tout dans la tête au même moment ». Essayons de faire une liste (sans doute incomplète) des questions qui peuvent retenir notre attention dans le cadre de cette relecture.

Les titres et les sous-titres sont-ils explicites ?

On le contrôle mieux dans le cadre d'une lecture continue de la totalité du manuscrit.

La chasse aux répétitions inutiles

Généralement, l'écriture d'un mémoire s'étale sur une période relativement longue. Les répétitions sont donc inévitables. Combien sont légitimes ? entrent-elles activement dans un raisonnement ? sont-elles indispensables à la présentation des conclusions ? certaines sont inutiles. Elles donnent une impression d'absence de continuité, et peuvent agacer le lecteur ; elles sont donc à éliminer.

Les transitions

Vos textes ont été écrits à des moments différents. Ils seront lus en continuité... peut-être. Les transitions doivent être mises en place, sans lourdeur.

La numérotation

Dans la numérotation des chapitres et des paragraphes, des erreurs peuvent se glisser ; il faut les dépister avec une attention particulière.

L'exactitude

L'exactitude des notes et des références n'est pas aisée à garantir. Si toutes les précautions n'ont pas été prises pendant la période de rédaction, cela peut exiger de pénibles recherches.

La vérification de l'orthographe et de la ponctuation

« Quand cessera-t-on de confondre la maîtrise de la langue avec la maîtrise de l'orthographe ? Il n'y a qu'une très faible relation entre elles. »[1] C'est ce qu'affirmait Georges Panchaud au terme d'une longue expérience de la pédagogie. Il est vrai que beaucoup sont loin de partager son avis ; et il ajoute : « La meilleure manière de condamner une réforme scolaire est d'affirmer qu'elle a pour conséquence une crise de l'orthographe. »[2] Alors à vous de juger. La ponctuation aide à lire votre texte ; elle permet une certaine fantaisie. Lisez les quelques pages de la grammaire de Grévisse. (Voir aussi le chapitre 18.)

---

1. G. Panchaud, *Ces impossibles réformes scolaires*, Réalités sociales, Lausanne, 1983, p. 68.
2. *Ibidem*, p. 68.

Vous disposez sans doute d'un logiciel de correction qui assure les analyses orthographique et typographique. Pour la dernière version de cet ouvrage, j'ai utilisé Pro Lexis. Bien que ses performances soient remarquables, il ne m'a pas épargné une relecture attentive.

Les mots « maudits »

Nous avons tous des tics, quand bien même nous le savons : ces mots toujours mal orthographiés, ces mots qui reviennent quatre fois dans un paragraphe, inutilement. Il faut leur faire la chasse, et ce n'est pas facile. Les logiciels de correction vous faciliteront la tâche, mais ils ne détectent pas tout dans des documents qui utilisent un langage spécialisé.

Les mots et les phrases soulignés

Vous pouvez souhaiter mettre en évidence certains mots, un membre de phrase ou une phrase complète. Dans la mise au point du manuscrit, vous les soulignez ; dans la composition (ou mise en forme) définitive, ils pourront être écrits en caractères italiques ou gras. Une remarque : il ne faut pas exagérer ; si trop de choses sont soulignées, plus rien n'est mis en évidence et la lecture devient pénible.

12. INDICATIONS POUR LA COMPOSITION

Que vous la fassiez vous-même ou que vous la confiiez à une personne spécialisée, la composition de votre mémoire demande une préparation. Il convient, en particulier, de :
– définir les styles (caractères et formats), surtout pour les titres ;
– mettre en évidence les éléments spéciaux (citations, graphiques, tableaux, etc.).
  Enfin, vous éprouverez sans doute un réel plaisir à façonner votre œuvre pour lui donner votre empreinte.

23

INDICATIONS POUR LA DIFFUSION DU MÉMOIRE

Un lecteur en use avec les livres comme un citoyen avec les hommes : on ne vit pas avec tous ses contemporains ; on choisit quelques amis.

Voltaire

1. LE DÉSIR DE DIFFUSER

Votre mémoire est terminé. Il apparaît fort intéressant ; vous avez mis en évidence les aspects significatifs d'une dimension de la réalité sociale. Il est légitime que vous ressentiez le désir de les faire connaître. C'est un sentiment à prendre au sérieux et à ne pas balayer par des réflexes de « modestie » qui ne devraient pas jouer un rôle trop important dans cette affaire. Il vaut mieux apprécier lucidement la situation et vous entourer de conseils pertinents.

2. L'OPPORTUNITÉ DE DIFFUSER

Lorsqu'un mémoire est acceptable, il est très souvent opportun de le diffuser, sauf cas exceptionnels où des informations et des analyses pourraient causer un tort direct à des personnes… ce qui n'a rien à voir avec une critique fondée et nécessaire. Reste à s'interroger sur l'ampleur de la diffusion. En fait, il convient de répondre à une question difficile : quelles personnes peuvent trouver une utilité et un intérêt à la lecture de ce mémoire et sont disposées à l'acquérir ?

3. LES NIVEAUX DE DIFFUSION

On peut en effet envisager plusieurs niveaux de diffusion.

La diffusion minimale

Elle comprend les exemplaires exigés par les règlements ou distribués à quelques proches qui l'ont explicitement demandé. Cela représente en général moins de dix exemplaires.

La diffusion restreinte

Elle s'étend également à un certain nombre de personnes et d'institutions intéressées par l'objet d'étude. L'information se fait par contact direct. L'ampleur du tirage varie entre vingt et cinquante exemplaires.

La diffusion institutionnelle

Une association ou une institution est intéressée par votre mémoire, elle le fait connaître à ses membres et à ses correspondants. L'auteur peut être invité à présenter son étude. Cela représente un tirage de cinquante à deux cents exemplaires.

La publication

Dans certains cas, on peut estimer que le mémoire intéressera un public plus large qui ne serait pas informé par des voies directes et institutionnelles. On peut donc envisager une publication en tenant compte évidemment des difficultés d'une telle entreprise. Même si elle est subventionnée, la publication d'un mémoire sous forme de livre exige un marché d'au moins mille acheteurs (et non pas lecteurs). C'est beaucoup ! Prenez votre propre exemple et comparez le nombre de livres que vous avez lus et parcourus avec le nombre de livres que vous avez personnellement achetés. Songez également au nombre de livres déjà disponibles sur le marché et mettez-vous à la place de l'éditeur... En outre, n'oubliez pas que l'encouragement à la publication délivré par votre jury n'est pas l'équivalent d'un « bon à tirer » ; la préparation d'un livre implique un travail supplémentaire de refonte du manuscrit ; c'est un effort non négligeable car le public auquel vous vous adresserez dans le livre n'est plus forcément celui auquel était destiné votre mémoire (voir chapitre 16).

Je constate néanmoins que des mémoires ont été publiés et bien diffusés ; ils ont reçu un accueil public encourageant. La publication est donc une éventualité à ne pas exclure, mais à étudier avec rigueur. Il est aussi des auteurs qui estimaient que leur ouvrage intéresserait les foules ; les désillusions ont été lourdes.

4. IMPLICATIONS TECHNIQUES

Les moyens de reproduction des documents se sont multipliés et évoluent à une vitesse folle. Lorsque le « brouillon » est terminé, il est chargé de corrections, de collages, etc. Que faire ? Généralement, vous devrez :

– présenter une version « propre » au jury qui va évaluer le mémoire ;
– et, déjà, envisager la forme de diffusion que vous pensez donner à votre travail.

Le traitement de texte élimine la plus grande partie des problèmes. Une relecture systématique s'impose dans tous les cas.

Le reste appartient à vos lecteurs.

Conclusion

Ce n'est qu'au début du crépuscule que la chouette de Minerve prend son vol.

Hegel

Après avoir parcouru cet ouvrage, vous avez peut-être le sentiment que « tout cela est bien compliqué ». N'oubliez pas qu'en réalité, vous savez beaucoup de choses ; pour certains, le contenu de ces pages ne représente qu'un rappel quelque peu systématisé. Vous utiliserez ces informations au moment voulu, dans les diverses étapes de la mise en œuvre de votre étude : « Quand un automobiliste se met à réfléchir sur ses propres gestes, il découvre qu'il est une machine prodigieuse qui, en une fraction de seconde prend des décisions d'une importance vitale sans pouvoir se permettre une erreur. Pourtant, presque tout le monde conduit sa voiture et le nombre relativement limité des accidents de la route montre que la majorité des pilotes s'en tirent vivants. » [1]

Vivez le temps du mémoire comme une aventure, une suite de découvertes, une période d'enrichissement de vos capacités, de dépassement de vos connaissances antérieures. Vous le ferez même avec plaisir et c'est dans cette ambiance qu'il convient d'apprécier l'important travail qu'exigera de vous cette entreprise. C'est dans cet état d'esprit que vous affronterez au mieux les difficultés que vous ne manquerez pas de rencontrer, que vous

---

1. Umberto Eco, *op. cit.*, p. 247.

dépasserez les inévitables échecs sectoriels et que vous supporterez la réelle monotonie de certaines tâches.

Si, d'emblée, vous considérez qu'il s'agit d'un rituel sans importance et sans intérêt, vous risquez de gaspiller un temps précieux et, pour tout dire, de perdre quelques mois. La réalisation du mémoire est une lente et stimulante découverte d'un aspect de la réalité ; souvent, l'appétit vient en mangeant, encore faut-il se mettre à table. Ils ne sont pas rares ceux qui, au terme de leurs efforts, sont « déçus en bien ». Le mémoire constitue pour eux, et pendant longtemps, un document de référence, un instrument de travail, un point d'appui pour la réalisation d'autres activités du même type dans le cadre de leur pratique professionnelle. Beaucoup se découvrent une réelle capacité à construire une problématique, à développer une réflexion, à manipuler efficacement une vaste documentation et à maîtriser la communication écrite. Le mémoire n'est pas une panacée, les miracles sont rares, il ne faut pas en attendre l'impossible ; pourtant, au terme de l'entreprise, vous ne serez plus tout à fait comme avant.

En outre, j'ai souvent observé qu'un mémoire bien fait ouvre la porte au désir de formation complémentaire et permanente et constitue la base d'une activité intellectuelle régulière, compagne rafraîchissante et nécessaire de toute activité professionnelle. Cela dit, n'oubliez pas de servir un verre à vos amis lorsque vous aurez déposé votre mémoire, avant de prendre quelques jours de vacances bien méritées. Il n'est d'ailleurs pas impossible que sur la plage, vous vous laissiez aller à feuilleter des pages qui vous seront devenues familières. Pourquoi pas ?

53300 - (I) - (2,5) - OSB 90° - FAB - MLN
Dépôt légal de la 1ʳᵉ édition : 2ᵉ trimestre 1986
Dépôt légal : août 2009 - N° 200907.0125
Imprimerie CHIRAT - 42540 Saint-Just-la-Pendue

Imprimé en France